Lebenskün

Dieses Buch ist eine Liebeserklärung an die unvollkommene Frau. Gelassenheit bedeutet, die Brüche des Lebens nicht mehr zu fürchten. War es nicht Offenbarung, dann war's eben Erfahrung. Was macht das schon. Denn wir sind nicht allein. Unsere Heldinnen sind so wenig perfekt wie wir und kennen auch diese Mischung aus Selbstzweifel und Größenphantasien. Und sie sind aufregend lebendig: Hildegard Knef und Coco Chanel, Brigitte Reimann oder Thelma und Louise ... Ein Buch für Frauen, die sich nicht mit vollmundigen Rezepten abspeisen lassen, und für Männer, die diese Frauen endlich verstehen wollen.

«Was machen Sie?»
«Nichts. Ich lasse das Leben auf mich regnen.»

Die Autorin
Susanne Stiefel (Jahrgang 1957) studierte, archivierte und entschloß sich dann zu schreiben. Heute arbeitet sie als Chefreporterin bei «Sonntag Aktuell» in Stuttgart. Der private Teil ihres Lebens verlief nicht ganz so, aber manchmal so ähnlich, wie in diesem Buch beschrieben.

Susanne Stiefel

stlerinnen

Eine Liebeserklärung

unter sich

an die Gelassenheit

Rowohlt Taschenbuch Verlag

Lektorat Barbara Wenner
Bildredaktion Frauke Schirmbeck, Berlin

9. Auflage März 2007

Originalausgabe
Veröffentlicht im Rowohlt Taschenbuch Verlag,
Reinbek bei Hamburg, September 1999
Copyright © 1999 by Rowohlt Taschenbuch Verlag GmbH,
Reinbek bei Hamburg
Alle deutschen Rechte vorbehalten
Umschlaggestaltung Barbara Hanke/Claudia Schmidt
(Foto: Steffi Graenitz)
Layout Susanne Preibisch/Constanze Hinz
Satz Galliard PostScript QuarkXPress 3.3
Gesamtherstellung Clausen & Bosse, Leck
Printed in Germany
ISBN 978 3 499 22585 7

Inhalt

Vorwort 7

Auch Frauen sind komisch 10
Über uns und die Männer

It's magic 26
Über die Liebe und andere Verwicklungen

Arbeiten, daß die Funken stieben 48
Über Schaffensfreude und Selbstzweifel

Bin ich schön? 64
Über Frisuren, Diäten und die Claudia-Schiffer-Frage

Das Geheimnis der Schöpfung und der Hut einer Frau 84
Über Mode und Stilfragen

Bekenntnisse einer zufriedenen Dilettantin 100
Über Kochen und Essen

Abenteuer nicht nur in der Fremde 116
Über Gärtnern und Reisen

Geliebt, gelebt, und jetzt? 136
Über Mütter und die Kinderfrage

Kein Job für Feiglinge 154
Über das Alter und die Weisheit

Beste Freundin, beste Feindin 172
Über Frauenfreundschaften und ihren besonderen Charme

Quellenverzeichnis der Abbildungen 189

Vorwort

Manchmal ist der Tag dein Freund. Dann finde ich beim Aufstehen meine Zahnbürste eingewickelt in einen Liebeszettel: «Nur noch 10 Tage bis zu unserem Sexurlaub in Thailand, Geliebte», lese ich und kichere über den Verpackungskünstler in meinem Bett. An solchen Tagen hat Morgenmuffeligkeit keine Chance. An anderen hingegen stolpert meine Wohngenossin morgens bei der Zeitungslektüre über den Satz: «Die Wahrscheinlichkeit, im Alter von 31 Jahren noch einen Mann zu finden, ist ungefähr so groß wie die Wahrscheinlichkeit, mitten in Manhattan von einer von einem kroatischen Terroristen gesteuerten Boeing 747 erschlagen zu werden» – und mitten hinein in die grausam schlechte Laune am Rande der Depression. Kurz darauf ist ihr die Boeing tatsächlich auf den Kopf gestürzt. Aber das weißt du in den schlechten Momenten nicht. Das Leben hat nun mal beide Seiten.

Nein, es geht hier nicht nur um Männer. Männer sind, allen Klischees zum Trotz, keineswegs das einzige, was Frauen beschäftigt. Es geht um den Wunsch, mutig zu sein. Nicht nur in den wesentlichen Fragen des Lebens, sondern auch, um etwa vor Bette Davis bestehen zu können: «Altern», sagte sie einmal, «ist kein Job für Feiglinge.» Dieser Wunsch läßt sich leider nicht immer in die Tat umsetzen. Wenn uns der Beruf, diese Amour fou, wieder mal in tiefe Sinnkrisen stürzt, wie Sylvia Plath, als sie gestand: «Nichts fällt mir schwerer im Leben, als zu akzeptieren, daß ich nicht auf irgendeine Weise vollkommen bin.» Es geht in diesem Buch auch um die guten Momente, in denen wir wie Elsa Triolet zum Höhenflug an-

«She made it all look so easy» – Jackie in New York

setzen: «Wenn man schafft, daß die Funken stieben, so kann man so viel mehr auf sich selbst halten.» Lebenskünstlerinnen wollen eben das Unmögliche, kennen Stimmungsschwankungen, diese Mischung aus Selbstzweifel und Maßlosigkeit. Wie meine Freundinnen und ich.

Wir wissen, daß selbst eine Frau wie Isabella Rossellini sich nicht nur fragt, bin ich gut, sondern auch, bin ich schön. Meine Freundinnen sind natürlich keine Superweiber. Dazu mußt du Gil Bret von Jil Sander unterscheiden können, während der Schwangerschaft mindestens ein Buch schreiben, darfst kein Gramm zuviel haben und mußt dauernd lächeln. Und wer will schon immer grinsen? Ich jedenfalls nicht. Wer schlecht drauf ist, soll die Zähne fletschen. Wir sind Heldinnen des Alltags, haben uns durchgebissen, im Beruf, in der Liebe und auch sonst, wir haben gekämpft und gelitten und uns manchmal gefragt, ob sich das alles lohnt. Wir haben Selbstbewußtsein und Humor genug, um uns (Selbst-)Zweifel leisten zu können.

In diesem Buch soll über das gelebte Leben berichtet werden. Die Freundinnen, die hier auftauchen, gibt es in der Wirklichkeit – und gibt es so auch wieder nicht.

«Ich geh zu Aldi an die Kasse», hat zum Beispiel meine Wohngenossin Maike gesagt, als sie sich mal wieder zuviel abverlangt hatte. Natürlich ist das nicht ernst gemeint. Oder zumindest nicht ganz. Das Leben ist nun mal widersprüchlich. Die Boeing 747 ist ihr übrigens in Form von «The Voice» auf den Kopf gefallen. So hat Maike den Kerl mit der erotischen Stimme genannt, der so plötzlich in ihr Leben gestürzt ist. Hilde, die karrierebewußte Juristin, traktiert uns Freundinnen in jeder Lebenslage gerne mit Sprüchen – etwa von diesem Kaliber: «Für deine Fähigkeiten wirst du geschätzt, für deine Fehler geliebt.» Hilde versucht schon seit Jahren, dem Sinn des Seins mit Hilfe von Yoga auf die Schliche zu kommen. Zumindest hat sie das zu der Erkenntnis gebracht: «Gelassenheit ist bloß das Gefühl der Furchtlosigkeit vor der eigenen Unvollkommenheit.» Und das kommt der Wahrheit schon verdammt nahe. Die Künstlerin in unserer Runde lebt vom Stundengeben. Die Querflötistin Anette liebt das Leben und lebt die Liebe, wie es gerade kommt. Das absolute Kontrastprogramm zu Maike, die immer alles im Griff haben will. Manchmal verzweifelt aber auch die Optimistin am Leben und wünscht sich, daß alles so easy wäre, wie es uns in den unzähligen Ratgebern versprochen wird: Ein sanftes Vor- und Zurückwippen, und alle Probleme lösen sich in Wohlgefallen auf.

Was natürlich Quatsch ist. Wir sind nicht mit vollmundigen Lebensrezepten abzuspeisen, die nach dem Motto: «Ein kleiner Schuß Fröhlichkeit, eine Prise eisernen Willens und einige Gramm Machiavelli» den Himmel auf Erden versprechen. Lebenskünstlerinnen lieben ihr Dasein, inklusive Risiken und Nebenwirkungen. Scheitern als Chance heißt dann der Schlachtruf. Oder um es mit der Abenteurerin Isabelle Eberhardt zu sagen: «Dein Herz würde das Kreuz der wunderbaren Leiden und Träume nicht eintauschen für die Glückseligkeit der Ruhe.» Denn eines ist sicher: Das Leben ist viel mehr als die Summe aller Erfolge. Wir haben eben Ecken und Kanten. Einmal kurz geweint, schnell nachgeschminkt und die Probleme wieder im Griff – das passiert nur in Hollywood.

Natürlich gibt es auch immer wieder diese magic moments der Gelassenheit. Wenn die Freundinnenrunde am Sonntag in der Küche sitzt und sich nach heftigen Debatten über den Mistkerl Muräne, der Maike in heftigen Liebeskummer gestürzt hat, am Ende abgeklärt sagen läßt: «War's nicht Offenbarung, dann war's halt Erfahrung.» Was macht das schon. Denn wir sind nicht allein. Unsere Heldinnen sind so unvollkommen wie wir. Doch sie sind aufregend. Aufregend lebendig. Auch die Frauen mit den berühmten Namen, die jeder kennt, werden von Selbstzweifeln geplagt, haben aber auch Charme und Witz. Sie kriegen die Kurve und nehmen ihr Leben resolut in die Hand, wie Hildegard Knef, Frida Kahlo, Coco Chanel oder Thelma und Louise.

Es geht auch anders.

Auch
Über uns
Frauen
und die
sind
Männer
komisch

«Ich gebe zu, daß auch Frauen komisch sind. Gott der Allmächtige hat sie so gemacht, daß sie zu den Männern passen.»
Simone de Beauvoir

Er ist der schönste Mann im Betrieb, keine Frage. Das Haar kurz und schwarz am markanten Schädel, die Schläfen Salz und Pfeffer und ein Lächeln wie Robert Redford. Ein angenehmer Anblick, wenn du morgens unausgeschlafen ins Büro wankst, eine Augenweide, ein Muntermacher. Dazuhin charmant, witzig und unvergleichlich männlich in seinen dunklen Anzügen, die er zu tragen weiß mit einer Lässigkeit, die an Nachlässigkeit grenzt. Die beiläufige Eleganz und das Wissen um seine Wirkung garniert er mit einem kleinen Schuß Verlegenheit, der ihn erträglich macht für die anderen, weniger Schönen. Okay, sein Hintern ist ein bißchen zu dick. Doch nicht nur deshalb ist der schöne Markus umstritten. «Er sieht aus wie ein kurzgeschorener GI», sagt meine Wohngenossin, «außerdem ist sein Arsch zu fett.» «Nur schön wäre auch langweilig», verteidige ich meinen Lieblingskollegen. «Mein Gott, er sieht halt aus wie Brad Pitt in dunkel», sagt Hilde, «außerdem ist er verheiratet.» Nur Anette sagt nichts.

Nichts liebe ich so sehr, wie mit dem schönen Markus auszugehen. Dieses Gefühl, wenn du den Raum betrittst. Die Blicke der Frauen, die erst wohlwollend über den Mann an deiner Seite gleiten und dann neidisch an dir hängenbleiben: Wie hat die das nur geschafft, sich dieses Prachtexemplar zu angeln? Die Blicke der Männer, die kurz den Schönen abchecken, um sich dann dir zu widmen, voller sportlichem Interesse, ob sie wohl gegen diese übermächtige männliche Konkurrenz eine Chance haben. Du machst immer eine gute Figur, wenn deine Erscheinung durch einen so wohlgeratenen Begleiter gekonnt abgerundet wird. An seiner Seite beginne ich zu ahnen, weshalb Männer sich mit schönen Frauen glauben schmücken zu müssen. «Alte Macha», kommentiert die Wohngenossin meinen Enthusiasmus. «Du bist völlig gaga», sagt Hilde und kichert mit dem geballten Verständnis aller Yogatreibenden. Nur Anette sagt nichts.

Denn leider ist der schöne Markus nicht beziehungstauglich. Ihm bedeutet Karriere alles, für ihn ist beruflicher Aufstieg das Salz in der Suppe des Lebens, er liebt die Erotik der Macht. Da bleibt die Liebe zu den Frauen auf der Strecke. Ein Mann, der so tickt, ist in Liebesdingen Traditionalist: Er braucht den Beziehungsklassiker, die Frau an seiner Seite, die ihm den Rücken freihält, ihn nicht nervt mit dem, was Markus verächtlich «endloses Beziehungsgequatsche» nennt, er braucht eine Frau, die in ihrer Welt bleibt, die Kinder erzieht und seine Kreise nicht stört. Logisch, daß Markus verheiratet ist. Von ihm stammt der Satz: «Ich weiß gar nicht, warum ihr Weiber immer küssen wollt.» Ich habe in unseren Gesprächen, ganz vertraut von Macho zu Macha, viel über die Männer erfahren.

Doch das Leben ist nun mal widersprüchlich. Auch die geradlinigsten Kandidaten springt manchmal die Sehnsucht an. Nach Champagner und Erdbeeren bei Vollmond, danach, etwas Unvernünftiges zu tun, etwas, das nicht in den großen Lebensplan paßt, kurz, nach gefährlichen Liebschaften. In so einer Situation hat er sich in Anette verliebt, die Künstlerin mit der lockigen Mähne und dem lockeren Lebenswandel, die morgens nicht aus den Federn kommt und abends auf der Bühne steht, mal mit dem Schauspieler Dietmar Schönherr, mal mit der Schriftstellerin Gioconda Belli, und mit ihrem Querflötenspiel die Menschen verzaubert und ihre Schüler fasziniert. Anette war so anders, sie versprach Exotik, Abwechslung, sie war der Ausbruch aus dem Alltag. Sie landeten im Bett. Es war die Hölle.

Ich meine, Affären mit verheirateten Männern sind immer speziell, aber ab einem gewissen Alter lassen sie sich einfach nicht vermeiden. Glücklich, wer mit dem Geliebtenstatus so souverän umgeht wie Maike. Wenn der Mann Zeit hat und sie Lust, dann trifft man sich zu einem Rendezvous. Beide holen sich, was sie wohl brauchen, und mehr ist nicht: keine Treue, keine Liebe, nur das Bett wird geteilt. Basta. Das klappt auch nicht immer. Und dann sitzt die Wohngenossin in unserer Küche, die für viele Frauen-

gespräche herhalten muß, und schimpft wie ein Marktweib. «Heute hab ich dieses wunderbare Konzert mit Angelique Kidjo sausen lassen, weil wir uns vor dem Urlaub sonst nicht mehr hätten sehen können, und was macht der Herr?» Er muß seine Kinder hüten, weil die Gattin zu einer Elternsitzung geht. Dann verliert auch die beherrschte Maike die Contenance.

Anette hingegen wollte schon immer mehr: Romantik und Zeit, das kostbarste Gut verheirateter, karrierebewußter Männer. Das konnte nicht gutgehen. Die Gespräche über die Zukunft wurden dem schönen Markus lästig, und Anette klagte über die ICE-Geschwindigkeit, mit der ihre heimlichen Treffen endeten. Kaum im Bett, war der Herr schon wieder draußen und band sich die Schnürsenkel, um zu den Verpflichtungen in seinem anderen Leben zu eilen. Ein ICE im Bett walzt jegliche Romantik nieder. Ein Karrierist also ist nicht der Mann, den wir wollen.

Wen dann? Den sympathischen Loser vielleicht? Ralf ist ein Aussteiger. Einer, der die Karriere hat sausen lassen, weil er nicht nur funktionieren wollte. Der sein Jurastudium im 8. Semester abgebrochen hat, ohne einen Gedanken daran zu verschwenden, ob die Perspektive, Staatsanwalt zu werden, ihn nicht doch irgendwann mal hätte reizen können. Seine Eltern, beide Juristen, hatten sich das so für ihren Sohn vorgestellt. Ralf trägt das blonde Haar lang, ist gutaussehend, aber wortkarg und vollauf damit beschäftigt, sein Leben auf die Reihe zu kriegen. Er arbeitet als Waldarbeiter, sägt Bäume um und pflanzt neue, ist Treiber bei Jagden und Experte für Wild. Er wollte nach dem kopflastigen Studium mal etwas Praktisches tun. Ralf hat einen Nine-to-five-Job und deshalb viel Zeit. Leider auch zum Grübeln. Und macht sich dann zum bestimmt 1000sten Mal Gedanken darüber, warum es mit seiner Jugendliebe Angie nicht geklappt hat. Ein Rosenverkäufer in der Kneipe kann ihn in unlösbare Gewissenskonflikte stürzen: Denkt die Frau jetzt, ich will sie ins Bett kriegen, wenn ich eine Rose kaufe? Denkt sie, ich bin ein unsouveräner Stoffel, wenn ich es nicht tue? Und ob dieser geradezu tragischen Situation verstummt er völlig. Die Frau am Tisch, einmal war das ich, ist völlig konsterniert, weil jegliche Kommunikation erstirbt. Wie sollst du auch ahnen, daß ein freundlicher Inder mit Rosen einen so grundsätzlichen Lebenskonflikt auslösen kann?

«Zu mühsam», befindet Hilde, als wir gemütlich beisammensitzen und die Männer unserer Umgebung durchhecheln. «Ralf ist nett, aber nicht erotisch», sagt Anette, die froh ist, daß wir nicht mehr über ihre ICE-

Affäre herziehen. Der Loser ist zu sehr mit sich und seinem Weltschmerz beschäftigt. Er hat keine Zeit für Frauen, taugt also auch nicht als Traummann. Wir suchen weiter.

Die für Frauen wohl gefährlichsten Männer sind die Willis dieser Welt. In diesem Punkt sind Anette, Maike, Hilde und ich uns einig. Zumal Willi der einzige Mann ist, den wir alle vier kennen. Näher kennen. Ziemlich nahe sogar. Nicht, daß das zu größeren Zerwürfnissen geführt hätte. Ich habe Anette verziehen, daß sie hinter meinem Rücken eine kleine Affäre hatte; schließlich lief meine Beziehung zu dem Herrn damals eh schon auf Sparflamme. Später mit Maike galt es nur zu klären, daß ich, obwohl ich mit Willi schon seit über einem Jahr nichts mehr zu tun hatte, dennoch keine Lust verspürte, den Kerl morgens am Frühstückstisch zu sehen. Das ließ sich arrangieren. Und Hilde hatte lediglich einen kurzen One-Night-Stand mit ihm, der herzlich unbefriedigend verlief. Nur ich hatte mich acht Jahre lang auf dieses Experiment eingelassen. Ich bin nicht auf alles stolz in meinem Leben.

Die Willis sind die einsamen Wölfe unter den Männern. Sie gehen mit der Einstellung durchs Leben wie Charles Bronson in «Spiel mir das Lied vom Tod». Überzeugt von seiner Mission, die Killer zu finden, die sein Leben zerstört haben, sagt er am Ende zu Claudia Cardinale: «Ein Mann muß tun, was er tun muß.» Willi spielt mit der gleichen Inbrunst Gitarre, wie Bronson seine Mundharmonika zum Weinen bringt. Dann sitzt er da, versunken in sich und diesen undefinierbaren Weltschmerz, und spielt die sentimentalsten Weisen, so daß dein Herz zerschmilzt und du denkst: Whow, da muß so viel Leid sein, ganz tief innen, so viel Sehnsucht nach Liebe und Geborgenheit, so viel Weichheit, Sentimentalität und Unsicherheit. Und schon sitzt du in der Falle.

Denn diese harten Kerle tun nur so, als ob sie einen weichen Kern hätten. Sie spüren, daß das funktioniert bei Frauen. Sie laufen verdrossen durchs Leben, sind unnahbar und unfähig, eine Unsicherheit oder einen Fehler einzugestehen. «Ich weiß nicht, warum ihr Frauen immer über alles reden wollt», klagte Willi gern, «Männer wollen manchmal nur allein sein und nachdenken.» Diese melancholischen Denker herrschen dich an, wenn du ihnen zu nahe kommst, sie lachen über deine romantischen Vorstellungen. Und wenn du soweit bist, daß du ihnen den Laufpaß geben willst, weil du einsiehst, daß das Leben noch mehr sein muß, als einen einsamen Wolf aus der Bärenfalle zu befreien, wenn sich bei dir langsam der

Verdacht einstellt, daß da vielleicht unter der harten Schale ein ebenso harter Kern sitzt, dann spielen sie Gitarre. Und du hoffst weiter.

Die gepflegte Melancholie des einsamen Wolfes hat, da bin ich überzeugt, Selbstmitleid zum Kern. Herbert Grönemeyers Song bringt das auf den Punkt. «Tu dir leid, tu dir leid, tu dir leid ...» Nach acht Jahren mit Willi weiß ich, die Frau an seiner Seite muß ihn ausbaden, diesen chronischen Katzenjammer – «Und du stehst im Regen, und du wirst nicht naß, und es regnet an dir vorbei.»

Es gibt gute Methoden, das Leben vorbeischlabbern zu lassen. Die Willis beherrschen sie perfekt. Die Masche Macho mit Herz zieht am besten mit Musik. Wir fallen immer wieder rein auf diese einsamen, singenden Cowboys. Warum also sollten sie sich ändern? Das ist so wie Co-Alkoholismus: Diese Männer machen dich zu etwas, was du gar nicht sein willst.

Und sie denken nicht daran, sich zu verändern, mehr von diesem weichen Kern preiszugeben. Sie sind nur Verheißung, nie Erfüllung, oder wie es Friedrich Nietzsche, der Oberchauvi der Philosophiegeschichte, auszudrücken pflegte: «Das Weib erfüllt, der Mann verheißt.» Ich habe diesen Kern jahrelang gesucht, ich weiß, wovon ich spreche: Da ist keiner. Diese Männer sind das, was sie scheinen: mürrische, lebensverdrossene Kerle, die sich mit Artgenossen am Edeka-Stammtisch (Ende der Karriere) den Alkohol reinschütten und grenzenloses Selbstmitleid pflegen. Im Beruf wird ihre Genialität verkannt, die Frauen verstehen sie nicht, und die Welt ist sowieso schlecht. Vor allem zu ihnen. Unangenehme Zeitgenossen, die man in ihrem Sumpf steckenlassen sollte, weil sie ihr Magengeschwür liebevoller pflegen als uns. Ein Fall für Sozialarbeiter.

«Frauen sind komisch», hat Simone de Beauvoir einmal gesagt, «Gott der Allmächtige hat sie so gemacht, daß sie zu den Männern passen.» Auch die kluge de Beauvoir hat sich nicht nur mit Ruhm bekleckert in ihrer Beziehung zu dem alten Sartre. Nun gut, auch bedeutende Frauen können in der Liebe irren. Simone de Beauvoir hat Sartres Egozentrismus bestärkt, hat aufopferungsvoll seine Arbeit mit ihm diskutiert, sich seiner Angst vor Nähe unterworfen und ihr Leben lang im Hotelzimmer gewohnt, und sie hat seine diversen Liebesbeziehungen ertragen, zu denen der selbstverliebte Herr neben seinen philosophischen Aktivitäten immer noch Zeit fand. Glücklicherweise war sie auch keine Heilige. Aber daß ihr die Eskapaden ihres Gefährten manchmal auf den Wecker gingen, kann man bei ihr nachlesen.

Männer und Frauen passen nicht zusammen:

1. Weil Männer lieber schweigen als reden. Es sei denn, über Fußball oder ihr Auto.
2. Weil Männern dieser Schuß Sentimentalität abgeht, der Kinofilme wie «Pferdeflüsterer» zu unvergleichlichen Erlebnissen macht.
3. Weil Männer so beschäftigt damit sind, zu werden wie Charles Bronson: häßlich, breitbeinig und holzköpfig.
4. Weil Männer keinen weichen Kern haben, auch wenn sie rührselige Lieder auf der Gitarre singen.
5. Und wenn sie einen haben, dann genügt es ihnen vollauf, diesen beim Musizieren oder im Vollsuff kurz aufblitzen zu lassen.
6. Weil Männer an keinem Fischgeschäft vorbeigehen können, ohne daß der Anblick zitternder Aale sie für den Rest des Tages melancholisch stimmt.
7. Weil Männer in ihrem Kühlschrank lieber Schimmelpilze züchten, als ihn zum Aufenthaltsort von genießbaren Lebensmitteln zu machen.
8. Weil Männer so aufreizend mit sich selbst im klaren sind und Selbstzweifel nur vom Hörensagen kennen, nämlich von uns Frauen.

Männer und Frauen sind nicht nur komisch, sie passen womöglich überhaupt nicht zusammen. Erlauben Sie mir eine kleine Abschweifung, die das vulgäre Bonmot nahelegt: Frauen und Männer passen nur an einer Stelle zusammen. Jaja, es könnte auch im «Playboy» stehen oder in der U-Bahn-Station Potsdamer Platz triefend rot an die Kacheln gesprüht sein. Aber es ist doch ein bißchen wahr. Ich höre Sie schon sagen, ein bißchen wahr gibt es nicht. Gibt es doch. Im Bett ist es nun mal aufregend mit Männern. Zumindest für viele von uns.

Aber sonst? Du kannst mit der Freundin besser reden, weil du keine langen Anlaufzeiten brauchst, weil sie über dasselbe lacht und genauso gerne spazierengeht wie du. Ich kenne kaum einen Mann, der Spaziergänge mag. Du kannst mit ihr Klamotten kaufen, du kannst mit ihr über deinen Chef lästern und über deine Nöte im Job jammern – und sie wird dich immer besser verstehen als dein Liebster. Oder fast immer. Nur im Bett eben, da wird er immer noch gebraucht. Oder für die Rosen. Oder für das Flanieren bei Vollmond. Aber so einen mußt du erst mal finden. Das ist nicht leicht. Leider sind Kopfgeburten ganz schlecht für die Liebe. Sonst könnten wir es ja mal mit den Freundinnen im Bett versuchen. Aber so funktioniert das eben nicht. Der Kopf ist in der Liebe am wenigsten gefragt. Aber das ist ein anderes Kapitel.

Ich sage nicht, daß es Männer immer leicht haben mit uns. Ich sage nur, daß wir nicht zusammenpassen. Meistens jedenfalls.

Sicher, wir sollten sie nicht zu ernst nehmen. Die Girlie-Sicht auf das andere Geschlecht (Männer sind die süßeste Nebensache der Welt) ist nicht die schlechteste. Mein Gott, Roberto war wirklich so eine Super-Nebensache. Eigentlich stehe ich nicht auf schöne Männer. Deshalb war ich auch bei meinem schönen Kollegen nie in Gefahr. Abgesehen davon, daß Affären unter den neugierigen Blicken der Kollegen im Großraumbüro mir sowieso wenig prickelnd erscheinen. Für mich war der schöne Markus ein Kumpel, ein liebenswerter Kollege, dem man nur nicht zu nahe kommen durfte. Gebongt. Aber Roberto war anders. Er war das Bild eines Mannes: verträumte braune Augen, ein wundervoller, fester, sinnlicher Mund, er war groß, hatte breite Schultern und einen süßen kleinen Hintern – kein bißchen zu dick. Dazu kam der Exotenbonus, denn Roberto war gebürtiger Chilene, allerdings mit seinen Eltern schon im zarten Alter von sechs Jahren nach Deutschland gekommen. Er sprach fließend Spanisch, und wenn er mir kleine Schmeicheleien ins Ohr flüsterte mit diesem erotisch rollenden R, dann schmolz ich dahin. Er hielt sich mit Gelegenheitsjobs über Wasser, jobbte in der Kneipe, besserte Dächer aus, tapezierte Wohnungen. Er war stets ausgeruht, hatte viel Zeit, und er war überzeugt davon, daß ich die schönste und klügste Frau der Welt sei. Es kann unheimlich beflügeln, wenn einer an dich glaubt.

Seit Roberto habe ich bei meinen Kollegen einen gewissen Ruf. Manchmal rief er mich am späten Vormittag an, weil er dringend mit mir sprechen mußte. Roberto hatte dauernd Probleme: mit sich, mit dem Geld, mit seinen Freunden. Und dann trafen wir uns für eine verlängerte

Selbst die sentimentalste Frau ist nicht so hirnamputiert, daß sie auf diesen märchenhaften Befreiungsschlag im wirklichen Leben hofft. Oder doch? Auf irgend etwas hoffen wir jedenfalls. Auf einen, der zu uns paßt. Und wie sähe der aus?

Mittagspause, die sich gut auf zwei Stunden ausdehnen konnte. Die Kolleginnen verziehen mir, nachdem Roberto mich einmal bei der Arbeit abgeholt hatte. Doch sie hatten ihre eigene Theorie, seit sie den Latin Lover leibhaftig in der Bürotür hatten stehen sehen. Damit konnte ich leben. Auch mit den kleinen Ungeschicklichkeiten des Geliebten. «Du hast mich schon wieder eingeschlossen», klagte der Schöne bei einem seiner Anrufe. Dann hatte die Wohngenossin mal wieder nicht mitgekriegt, daß Besuch im nachbarlichen Bett war, und die Haustür abgeschlossen, nachdem ich schon zur Arbeit geeilt war. Und abgeschlossen wurde immer, seit wir mal Besuch von Einbrechern hatten, die kurzerhand die unverschlossene Wohnungstür ausgehebelt und Video, Fernseher und Musikanlage rausgetragen hatten.

Das erste Mal hatte sich Roberto noch selbst befreit, was im dritten Stockwerk nicht gerade leicht ist. Und sich vom Sims des Schlafzimmerfensters auf das kleine Vordach gehangelt und damit unter den Tauben, die dies als Landeplatz benutzten, aufgeregtes Geflatter ausgelöst, als er sich mitten unter sie fallen ließ. Die verblüfften Nachbarn sahen sich zuerst mit seinen baumelnden Cowboystiefeln konfrontiert, dann stand er vor dem Fenster und bat artig darum, reinklettern zu dürfen und durch ihre Tür in die Freiheit zu marschieren. Sie waren gnädig, doch sie zwangen ihn, wegen Taubenschiß, seine geliebten Cowboystiefel auszuziehen und in Strümpfen ins Zimmer zu kommen. Das hat ihn verletzt. Ich habe ihn befreit. Ach ja, es war schön. Schön verrückt. Aber auf Dauer geht es nicht gut mit einem, der Cowboystiefel liebt. Er war auch nicht Mister Right.

Mister Right ist der Märchenprinz der Jahrtausendwende, und er wird genauso wenig reale Gestalt annehmen wie der Dornröschenbefreier. Das passiert höchstens im Film und auch nur dann, wenn du aussiehst wie Julia Roberts. Dann steigt schon mal einer die Leiter zu deinem Appartement hoch, obwohl er Höhenangst hat, und überreicht dir all die Rosen, die die Blumenfrau um die Ecke noch im Angebot hatte. Bingo. Aber natürlich Quatsch. Selbst die sentimentalste Frau ist nicht so hirnamputiert, daß sie auf diesen märchenhaften Befreiungsschlag im wirklichen Leben hofft. Oder doch? Auf irgend etwas hoffen wir jedenfalls. Auf einen, der zu uns paßt. Und wie sähe der aus? Wie sieht Mister Right aus?

Okay, wir sind auch nicht perfekt. Manchmal sind wir auch auf der Flucht vor dem Traummann. Denn für viele Frauen kommt eine dauerhafte Bindung der Auflösung ihres Egos gleich. Ganz wunderbar hat Sheila Gillooly in ihrem Buch «Vorsicht Liebe» darüber geschrieben: «Frauen fangen an, sich eingeengt oder gefangen zu fühlen, aber statt sich dies einzugestehen, beginnen sie zwanghaft, die Fehler ihres Freundes aufzulisten.» Partnerschaft heißt auch Nähe. Und oft ist es genau das, wovor wir Angst haben. Hilde etwa hat sich in ihrem Single-Dasein ganz gut eingerichtet. Und pflegt die kleinen Macken, die man sich dann so zulegt. Hilde kann sich zum Beispiel nicht vorstellen, daß Mr. Right ihr beim Zähneputzen zusieht. Wenn sie mit Schaum vor dem Mund im Badezimmer steht, denn nur im Fernsehen schaffen es schöne Frauen, sich mit roten Lippen und lächelnd das Gebiß zu säubern. Und dann dieses Rinnsal, das dir aus den Mundwinkeln übers Kinn läuft. Ich wiederum schäme mich ein bißchen für die Hedwig-Courths-Mahler-Sammlung, die sich neben meinem Bett stapelt und die bei Besuchern, die mich als nüchterne Frau kennen, leichtes Erstaunen hervorruft. Es hat eine Weile gebraucht, bis ich sie vor dem Liebsten nicht mehr versteckt habe.

«Wir gehen mit kriminellen und verheirateten Männern aus», schreibt Gillooly, «wir versuchen, uns an Schwule ranzumachen. Und wir tun das nicht, weil wir dumm sind, sondern weil wir Angst vor den Konsequenzen haben, die es mit sich bringt, wenn wir uns einem Partner ganz anver-

«You know how to whistle, don't you?» Lauren Bacall und Humphrey Bogart

trauen.» Klingt geschwollen, aber da ist was dran. Warum hat sich Anette auf den schönen Markus eingelassen? Warum verliebt sich Hilde ausgerechnet in den kompliziertesten Kollegen? Wir sollten uns mal prüfen, ob die Arbeit nicht nur ein Teil unseres Selbstbewußtseins ist, sondern auch ein Fluchtweg – vor dem Richtigen. Nein, nein, ich starte keine Zurück-an-den-Herd-Kampagne, ich sagte prüfen. Auch überzogene Ansprüche helfen, keinen Mann zu finden. Welcher Kerl ist schon gutaussehend, 1,90 groß, dunkelhaarig, hat einen knackigen Po und ist darüber hinaus intelligent, charmant, einfühlsam, witzig und liebevoll? Da kannst du gleich den Schleier nehmen.

Humor ist wichtig, haben wir in nächtelangen Sitzungen festgestellt. Nicht diese behäbige Heinz-Erhard-Variante, grauenhaft, nein, eher der freche, provokative, selbstironische Witz eines Woody Allen. «Ich will lachen können», sagt Hilde, «wie über Joseph von Westphalens Diplomaten Harry von Duckwitz.» «Und verrückte Sachen machen, über die wir zusammen kichern», sagt Anette. Lachen ist ein Aphrodisiakum. Und dann ist da noch Charme. Doch da konnten wir uns letztlich nicht einigen. «Küppersbusch hat Charme», sagt Maike, die ein Fan ist, seit sie den mal persönlich kennengelernt hat. «Quatsch», sagt Hilde, «der ist viel zu protestantisch-schmallippig. Was ist mit Johnny Depp?» Da protestiert Anette: «Zu schön.» Und als ich dann den nicht gerade schlanken Sternekoch Vincent Klink ins Spiel bringe, der mich mit seinen literarischen Ausflügen genauso mühelos zum Lachen bringt, wie er mit seinem Essen den Gaumen verwöhnt, heulen alle auf. Du spinnst, unmöglich, inakzeptabel. Schönheit, da waren wir bei dieser nächtlichen Debatte großzügig, muß nicht sein. Erotik hingegen schon. Und die hängt wiederum von Charme und Humor ab. Es ist schon verflixt.

«In meinem Alter einen Mann zu finden ist schwerer als einen Schatz im Weinberg», sagt die lebenslustige Winzerin Magali in Eric Rohmers «Herbstgeschichte». Gekonnt führt uns der Meister der Beziehungsgeschichten durch die Provence und die Seelenlandschaften der Frauen. Eine Freundin sucht für Magali einen Mann per Annonce, «der körperliche und moralische Schönheit liebt». Klingt nicht schlecht. Außerdem will die Freundin von Magalis Sohn die Winzerin mit ihrem abgelegten Liebhaber verkuppeln, einem ekelhaft selbstverliebten Philosophielehrer, den Magali gleich in die Wüste schickt. Aber auch mit dem schüchternen Annoncen-Kandidaten klappt es nicht auf Anhieb, vielleicht überhaupt nicht. Männer und Frauen können nicht zusammenkommen, leben aneinander vorbei. «Können wir uns am Wochenende sehen?» fragt der Kandidat. «Im Prinzip ja», antwortet Magali. Wir würden schon gerne wollen. Im Prinzip.

Zugegeben: Auch ich habe einen Freund, der schwul ist. Aber ich habe mich noch nie in ihn verliebt, obwohl er verdammt gut aussieht. Er ist einfach ein Mann, mit dem man quatschen kann wie mit keinem anderen. Er ist witzig, voller Selbstzweifel und stürzt bei Liebeskummer in dieselben emotionalen Löcher, die ich auch kenne. «Ich habe die ganze Nacht geheult», gesteht er, als ich ihn zum Frühstück besuche, um ihn in seinem frischen Liebeskummer zu trösten. Wann hast du das schon mal von einem Mann gehört? Und dann erzählt er mit dieser Mischung aus Selbstironie und Schmerz, daß dir die Tränen in die Augen schießen und du nicht weißt, ob du lachen oder weinen sollst. Mit einem Joint hatte er versucht, sich in den Schlaf zu rauchen. Das beruhigt und kann das innere Hamsterrad des ewigen Warum zum Stillstand bringen. So hoffte er. Doch es hat um drei Uhr nachts immer noch nicht funktioniert. Da beschloß Peter, der ein begnadeter Schwimmer ist, ein leidenschaftlicher, ja fanatischer gar, ins Freibad einzusteigen. Er kletterte über den Zaun und pflügte statt seiner üblichen 20 Bahnen stolze 50 herunter. Zur Sicherheit. Als er dann schwankend wieder zurückgeklettert war und glücklich daheim im Bett, konnte er endlich schlafen. Die Therapie bei Liebeskummer muß eben individuell abgestimmt sein.

Nein, diese Freundschaften mit schwulen Männern müssen nicht Flucht sein. Schwule und ungebundene Frauen ab einem gewissen Alter haben einiges gemeinsam. Die Schwierigkeit, einen Mann zu finden. Und sie sind daran gewöhnt, ihre Eltern zu enttäuschen und von der Gesellschaft als Problemfälle behandelt zu werden. Das verbindet. Manchmal braucht man einfach Verbündete. Auch unter den Männern.

It's
Über die Liebe
magic
und andere Verwicklungen

Es gibt Nachrichten, die den Tag versüßen. Vor allem, wenn sie überraschend unterm Scheibenwischer klemmen, wenn du nach einem dieser gänzlich mißratenen Tage, an denen der Computer samt deinen originellen Ideen abgestürzt ist und dich die Kollegin mit heiterem Geplauder genervt hat, erschöpft zum Auto wankst und dir nur noch eines zu deinem Glück fehlt: ein Strafzettel. Und als du ihn wütend wegreißt und nur kurz einen Blick draufwerfen willst, um zu sehen, ob du 30 oder mal wieder 50 Mark berappen mußt, steht da in der lustigen Krakelschrift des Geliebten: «Hey, Schnecke, komm ganz schnell heim. Ich warte und die Stockente auch.» Dann kann ich nicht anders, dann muß ich kichern. Liebeszettel erhöhen die Lebensfreude entschieden. Wie und wann hat er meinem Auto denn diese Zeilen untergeschoben? Ob das die Politesse gelesen hat? Und du erkennst: Das sind die wirklich wichtigen Dinge im Leben.

Ich liebe diese Zettelwirtschaft der Liebe. Diese Kritzeleien, die dich überall überraschen können. Wenn ich im Kochbuch nach meinem Lieblingsrezept suche, flattern mir unter Osso Buco plötzlich kecke Aufforderungen entgegen. Wenn ich morgens verschlafen zum Kühlschrank wanke, klebt eine Nachricht an der Milchtüte. Und wenn ich abends zu meinem Krimi greife, ist da ein Lesezeichen, das gestern nicht da war. Diese Zettel sind die Liebesbriefe des Atomzeitalters. Wenn ich sie nach Tagen auf meinem Schreibtisch entdecke, wo der Liebste mir in den gestrengen Wochenplan neben so wichtigen Dingen wie Zahnarzttermin ausmachen, in die Bibliothek gehen, Steuerberater anrufen die anarchische Aufforderung eingeschmuggelt hat: «Auf Sexurlaub in Thailand vorbereiten – es sind nur noch zwölf Tage, Finnin», dann ist der Tag mein Freund. Zur Finnin bin ich übrigens geworden, weil ich morgens immer früh aufstehe, auch wenn es draußen noch dunkel ist, und dem schlaftrunkenen Liebsten im Bett erklärt habe, daß die Finnen das immer tun müssen. Ich bin die Finnin, die Schnecke mit dem schillernden Häusle und die Frau, die mit den Scharfmachern schwimmt, weil ich nach einem morgendlichen Bad im Meer oder im Freibad immer ziemlich unternehmungslustig bin. Sie wissen schon. Liebe kann ziemlich kreativ sein.

«Du bist hoffnungslos romantisch», sagt die Wohngenossin, wenn ich ihr mal wieder von solchen kleinen Anbaggereien erzähle. Aber sie läßt sie sich gerne vorlesen. Oder liest sie selbst, wenn sie mal beim Zettelschreiber persönlich zu Besuch ist. Dort hängt nämlich eine dieser papiernen Schreibtischunterlagen an der Wand, direkt neben der Tür, die man zum Abschied herrlich bekritzeln kann. Mit nicht ganz jugendfreien Verrücktheiten, kleinen Abschiedsgrüßen der besonderen Art, typischen Liebesstammeleien eben, ein bißchen sentimental, ein bißchen banal, ein bißchen obszön. Vor allem wegen letzterem werden sie immer brav abgehängt, wenn sich Eltern, die Ex-Freundin oder offizieller Besuch ankündigt. Oder wollten Sie, daß Ihr Steuerberater, der Sie für einen Ausbund an Nüchternheit und Seriosität hält, plötzlich liest: «Ist das eine Pistole, oder freust du dich so, mich zu sehen?» Er weiß womöglich nicht, daß das nur ein Spruch von Mae West ist, und verwechselt Sie mit einem Sexbesessenen.

Liebe ist die Magie im Alltag. Wie in «Out of Rosenheim». Wenn sich Aktmodell Marianne Sägebrecht unter den liebevollen Augen des Cowboy-Malers von der gestrengen Trachten-Domina in eine laszive Rubensschönheit wandelt, neckisch eine Rose vor die Brustwarzen hält und entrückt mit stark bajuwarischem Akzent stammelt: «It's magic.» Mädschig, sagt sie – und du denkst an Schokocreme mit Sahnehäubchen. Und noch an ganz andere Dinge. Magic sind nächtliche Ausflüge, bei denen du bis morgens um vier gemeinsam auf kalten Schloßmauern sitzt, ins Tal schaust und beobachtest, wie die Lichter dort unten schlafen gehen. Du denkst dir gemeinsam Geschichten aus. Bei dem Licht, das um elf Uhr erlischt, handelt es sich bestimmt um das Daimler-Schichtpaar, das morgen um sechs

Für uns soll's rote Rosen regnen –
Hildegard Knef, eine Frau, die weiß, was sie will

Uhr aufstehen muß. Da läuft nichts mehr. Hinter dem Zwei-Uhr-Licht könnte sich eine reizvolle Disco-Bekanntschaft vertiefen. Und bei dem Licht, das auch noch leuchtet, als die Schokocrossies alle sind und die Weißweinflasche leer und du langsam daran denkst, daß du morgen auch arbeiten mußt, in diesem Licht muß sich ausdauernde Leidenschaft spiegeln. Das ist mädschig.

Magic ist auch, wenn er plötzlich vor deiner Tür steht und dem Rosenverkäufer seine gesamte Ware abgekauft hat – und wehe, du lachst. Magic ist, wenn er nachts nicht einschlafen kann, weil er versonnen auf deinen Hintern starren muß, immerzu, den der Vollmond gar so silbern bescheint, und nicht nur überlegt, ob er dich wecken soll. Genug geschwärmt. Leider sind das die eher raren Sternstunden. Liebe ist auch Leidenschaft, Verrat und Wahnsinn. Und manchmal ganz schön banal.

Denken Sie nur an den Anfang. Er ist großartig, wenn Sie darin verwickelt sind. Und für alle Außenstehenden, geduldige Freundinnen inklusive, eher kindisch. Verliebte haben ein wahnsinniges Mitteilungsbedürfnis und lassen dich an allen Dialogen mit dem Objekt der Begierde teilhaben. Was war das für ein Tanz, als Hilde sich nach monatelanger Schufterei mal wieder darauf besann, daß es noch was anderes geben muß im Leben: Da mußte Liebe her. Und wenn man nicht mehr 22 ist, ist es gar nicht einfach, ein geeignetes Objekt zu finden, zumal die Ansprüche proportional zum Alter steigen. Nun gut, daß es «geschnackelt» hat, wie Hilde diesen Blitz der Liebe zu bezeichnen pflegt, habe ich zuerst an ihrem leicht entrückten Lächeln bemerkt. Weniger freundliche Menschen würden es als debiles Grinsen bezeichnen, das sie wie eine Trophäe im Gesicht trug. Von da an beglückte sie mich mit immer neuen Wasserstandsmeldungen von der Liebesfront, so als gäbe sie die prickelndsten Dialoge der Weltgeschichte wieder. Ich war stets auf dem aktuellen Stand der Blickkontakte: «Heute in dem Restaurant hat er hundertprozentig geguckt, das bilde ich mir doch nicht ein.» Ich bekam den Wortlaut des ersten Telefonats zitiert und wurde zur Interpretation aufgefordert: «Der ist doch interessiert, oder was sagst du?» Ich war auf dem neuesten Stand der E-mail-Nachrichten, die natürlich schwer witzig und ironisch waren – ein Fall von elektronischem Balzverhalten, bei dem die intellektuellen Pfauenfedern mächtig gespreizt wurden.

Und ich kam in den Genuß von slapstickartigen Begegnungen im wirklichen Leben. Als Hilde auf dem Weg zu ihrem Auto war, lief ihr der Flirtpartner doch tatsächlich über den Weg; nicht so ungewöhnlich, wenn man

«Ist das eine Pistole, oder freust du dich so, mich zu sehen?»

Mae West

in einer kleineren Stadt lebt. E-mail-gestählt und telefonerprobt, waren beide offensichtlich so erschrocken, einander leibhaftig und allein zu begegnen, daß beide nur ein kurzes «Hallo» stammelten und zu ihren Autos eilten. Was dann folgte, hätte ich gerne aus der Vogelperspektive beobachtet. Hilde war so neben der Kappe, daß sie sich in ihr Auto setzte und, statt wie üblich links abzubiegen, panisch nach rechts fuhr, um ihm, Sie verstehen, IHM ja nicht noch mal zu begegnen. Ihm mußte der Schreck auch in die Glieder gefahren sein, denn er startete sein Gefährt erst gar nicht, sondern saß einfach in seinem Auto, unfähig, den Gang einzulegen, aus lauter Angst, womöglich an der nächsten Ampel hinter IHR zu stehen, dort an der nächsten Kreuzung, und SIE guckt ihn womöglich dauernd im Rückspiegel an, während er nicht weiß, wohin mit Händen und Augen. Als Hilde nach etwa zwei Kilometer Irrfahrt beschloß, nun doch zu wenden und den richtigen Weg einzuschlagen, war er endlich soweit, den Motor anzulassen. Sie können sich denken, was passiert ist: Sie trafen sich fünf Minuten nach der schicksalhaften Begegnung an der Kreuzung. «Warum bist du ihm nicht einfach in die Seite gefahren?» fragt die praktische Wohngenossin. Da hat sie völlig recht. Allzu verkopftes Vorspiel führt zu Verwicklungen. Irgendwann muß es in der Liebe auch zur Berührung kommen.

Kommen wir also zum Sex. Oder zum Äußersten. Eine Formulierung, die Anette geprägt hat, als sie mir nach einer hemmungslosen, alkoholgeschwängerten Party-Knutscherei mit einem gräßlichen Unsympathen am nächsten Morgen erzählte: «Keine Angst, es ist nicht zum Äußersten gekommen.» Ich war beruhigt. Oft wollen wir jedoch, daß es zum Äußersten kommt. Und das wollen wir dann so sehr, daß es völlig verkniffen wird. Bestärkt werden wir darin von unzähligen Sexsendungen im Fernsehen und Lovespalten in Magazinen. Da werden uns G- und andere Spots erklärt, da wird das Hohelied des gemeinsamen Orgasmus gesungen, da wird vor Lustkillern (Schießer-Doppelripp und Achselhaare) gewarnt und uns ein

Katalog von Techniken offeriert, den wir am besten ausschneiden und an die Schlafzimmertür pinnen sollen. So viel Quatschen über Sex war nie, und noch nie so viel Quatsch. Du liest alle zwei Jahre in Hochglanzzeitschriften eine lausige Erzählung über den Urlaub mit dem Rasta-Mann, als ob das die Lösung aller Probleme wäre. Dabei zählt auf dem Zeitschriftenmarkt nur eines: Sex sells.

Manchmal male ich mir aus, wie auf Redaktionssitzungen der neueste Sextrend kreiert wird, weil sich der Rasta-Mann eben nur alle zwei Jahre recyceln läßt. Ich stelle mir vor, wie sich alle angenervt das Hirn zermartern, was man noch alles an ausgefallenen Sexpraktiken erfinden kann. «Was sollen wir bloß diesmal unseren Leserinnen raten?» jammert die Ressortleiterin Sex, «der Urlaubslover ist durch, das erste Mal zum hundertsten Mal durchgekaut, und Sex unterm Weihnachtsbaum paßt nicht in die Jahreszeit.»

«Wie findet ihr den Titel ‹Lustzone Kniekehle›?» fragt die verantwortliche Redakteurin für Schuhe, während sie sich dort hingebungsvoll kratzt. Ein Mückenstich.

«Das hatten wir vor drei Monaten», gähnt der Filmredakteur gelangweilt und kratzt sich im Schritt. «Wir könnten doch mal Sex im Kinostuhl pushen, dann gingen auch mehr Leute ins Kino.»

«Viel zu unbequem», sagt die Kollegin, die für Kosmetik verantwortlich zeichnet. «Wie wär's mit ‹Pudern leicht gemacht›?»

«Sehr witzig», greift da die Chefredakteurin schon leicht angesäuert in die Diskussion ein. Das Sexthema muß endlich her.

«Wie wäre es mit der Erotik des Backenzahns?» fragt die Volontärin, die gerade vom Zahnarzt kommt und auch was Lustiges beisteuern will.

«Prima», schreit die Chefredakteurin enthusiastisch, «eine klasse Idee, Jessica. Recherchieren Sie das mal.» Und die schwört sich, nie wieder einen Witz über so ernste Themen zu reißen.

Gesendet wird auf allen Kanälen. Von sexy Verona Feldbusch, die bewundernswert intellektuelle Schlichtheit mit raffinierter Kleidung kombiniert, bis hin zu bieder-braven Familientherapeutinnen, die uns mit wehenden Haaren und schlabbrigem Wollpulli mit unseren Problemen ernst nehmen. Immer nach dem Motto: «Schön, daß wir darüber gesprochen haben.» Wir alle haben uns schon so gewöhnt an Texte wie diesen: «Der nächste Anrufer heißt Bert und ist 37 Jahre alt. Bert hat 'ne Freundin, die ist 31, mit der ist er seit vier Monaten zusammen, und Bert hat uns erzählt: ‹Ich hab, seitdem ich 16 bin, ein Riesenproblem, ich bin so was von eifersüchtig, das geht hin bis zu Gewaltexzessen, dann nehm ich meine Freundin und schüttel die und sag: Gib endlich zu!› – so hab ich das jetzt mal ein bißchen nachempfunden. Bert, entspricht das so der Darstellung?» Kein Wunder, daß wir bei diesem geballten Schwachsinn mürbe werden. Die Botschaft ist klar: Liebe und Sex sind eine todernste Sache, Lust gleich Last, Lachen verboten.

Das alles sind perfekte Anleitungen zum Unglücklichsein. Wer sich das Hirn mit so viel Kamasutra verknotet, fürchtet irgendwann, nicht mal mehr die simpelste Missionarsstellung auf die Matratze zu bringen. Hilde wurde unter der medialen Dauerbombardierung schon ganz schwindlig. Und kurz vor ihrem Liebestaumel, als sie eine monatelange Abstinenzphase hatte und es partout bei keinem schnackeln wollte, war sie kurz davor, sich bei Arabella Kiesbauer zu melden. «Kann man Vögeln verlernen?» fragt sie statt dessen Anette bange. «Quatsch», beruhigt sie die Freundin, «das ist wie Radfahren: einmal gelernt, immer in der Balance.» Anette ist Sexpertin, sie liebt die Liebe in allen ihren Formen. Es kann die große Bärennummer sein oder in der Fichtenschonung passieren, Ameisen inklusive. Es kann ganz brav im Bett abgehen, aber manchmal steht Anette auf den Reiz der Entdeckung, und dann muß es der Jägerhochsitz am Waldrand sein. Hängt ganz von Stimmung, Tagesform und Übereinstim-

«Schmerz muß erforscht werden wie eine Seuche.»

Ingeborg Bachmann

mung der Interessen ab. Sex ist Kür, nicht Pflicht, und schon gar nicht die zum Orgasmus.

Anette ist die Praktikerin in unserer Runde, sie tut's einfach gern. Während Hilde nach monatelanger Suche nach einem geeigneten Mann bei den Freundinnen stöhnt: «Mit euch versteh ich mich einfach gut, warum werd ich nicht lesbisch?», hat Anette sich längst eine Bettgefährtin angelacht. Es hat sich nach dem Kino einfach so ergeben. Sie war mit Elke, dieser hinreißend charmanten Frau, die sie schon lange von weitem bewundert, in «Aimée und Jaguar». Sagen Sie nicht: Hört, hört. Da waren wir schließlich alle drin. Und als Aimée fragte: «Gibt es irgend etwas, was dich bremst?», spürte Anette eine Hand auf ihrem Arm, die dort liegenblieb. «Mir lief es kalt den Rücken runter», erzählt sie uns danach. Vergessen Sie alle Ratgeber, die diese Erfahrung auf ihrer Must-Liste der sexuellen Erfahrungen führen. Warten Sie einfach auf so einen aufregenden Kinobesuch. Oder den kuscheligen Fernsehabend oder das bombastische Festessen mit dieser interessanten, klugen, erotischen Frau, die Sie schon immer interessiert hat. Vielleicht passiert's, vielleicht nicht. Anette entdeckte mit ihrer neuen Liebe die verschworene Frauengemeinschaft im Paris der zwanziger Jahre. Und schwärmte gleich von der blonden Natalie Barney, diesem wilden Mädchen aus Cincinnati, das nicht nur die Dichtung, sondern auch Frauen liebte, und das völlig ungeniert. «Ich hätte mich damals auch in sie verliebt wie Colette und viele andere Frauen», sagt Anette. Phantasie ist gut für die Liebe.

Und wie war's mit Elke? «Vertrauter und doch fremd», berichtet Anette, «fast unerträglich langsam und unendlich aufregend. Ich bin verliebt in ihre Brustwarzen.» Und sie lacht dieses ansteckende Lachen, das von ganz tief unten kommt. Anette lacht viel, auch beim Sex. Bei Männern ist das manchmal schwierig, weil die gleich befürchten, du lachst über ihren besten Freund. Aber das Risiko mußt du eingehen. Anette besteht darauf: «Bei der Liebe kannst du nicht nur stöhnen, du darfst auch lachen.» Haben Sie nicht auch gelacht, als Meg Ryan in «Harry und Sally» so lustvoll über ihrem Nachtisch stöhnt, so gekonnt einen Orgasmus simuliert, daß es im Schnellimbiß totenstill wird? Der arme Harry, der's nicht glauben konnte, daß Frauen auch nur so tun können, als ob, ist genauso fassungslos wie die Dame am Nebentisch begeistert. «Bringen Sie mir bitte dasselbe wie der jungen Dame da», fordert sie die Bedienung resolut auf. Ja, es geht auch mit Lachen.

Sex wird ohnehin überbewertet. Das haben kluge Leute immer wieder festgestellt. Virginia Woolf etwa lebt mit ihrem Mann Leonard fast 20 Jahre in Enthaltsamkeit, Affären hat die Schriftstellerin, die in ihrer Jugend mißbraucht wurde, allenfalls mit Frauen, mit ihrem Mann verbindet sie Respekt und Freundschaft. Als sie 1941 Selbstmord begeht, schreibt sie in ihrem Abschiedsbrief an Leonard: «Ich verdanke Dir alles Glück in meinem Leben. Ich glaube nicht, daß zwei Menschen glücklicher hätten sein können, als wir es waren.» Auch ein Hollywood-Traumpaar der dreißiger Jahre führte eine Ehe ohne sexuelle Verwirrungen. «Ich liebe ihn», sagt Carole Lombard, «aber es ist keine Bettgeschichte.» Und Clark Gable bemerkt nach ihrem Tod: «Alles, was man sich wünschen kann, habe ich gehabt, nur eines nicht: sie behalten.»

Nein, ich singe jetzt nicht das Loblied auf die Josefsehe, wie die Wissenschaftler das Zusammenleben ohne Sex neckisch nennen: Wir wollen schließlich keine Dreierkiste mit dem Heiligen Geist, und auch die Befruchtung durchs Ohr scheint mir wenig reizvoll. Ich finde es lustig, wenn ich abends heimkomme und schon im Flur eine Männerjeans finde, wenn Socken, ein BH und diverse andere, eilig abgestreifte Kleidungsstücke den Weg ins Schlafgemach der Wohngenossin weisen, dessen Tür eilig zugemacht wird. Und Maike am nächsten Morgen grinsend sagt: «Ich hab gedacht, du kommst nicht mehr nach Hause.» Endlich nicht mehr die Debatte über den Männermangel und die Unmöglichkeit, ab 30 einen Mann zu finden, der weder neurotisch noch verheiratet ist. Wenn die Leidenschaft zuschlägt, muß man ihr ihren Lauf lassen. Wir sollten Sex als das nehmen, was er ist: ein angenehmer Zeitvertreib, der, partnerschaftlich ausgeübt, eine aufregende Turnübung ist, aber auch als Solo nicht zu verachten.

«Tu doch nicht so abgeklärt», mault Hilde, «weißt du noch, wie du vor Eifersucht gekocht hast?» Hilde liebt es, den Finger in Wunden zu legen. Wer ist schon gerne eifersüchtig? Am liebsten wären wir doch cool, machten eine lässige Bemerkung über die unmögliche Frau, die der Liebste da so unverhohlen beturtelt: «Sie ist blond, na und?» Das kriegt vielleicht die

Superfrau hin, die souverän um ihre Unvergleichlichkeit weiß. Ich bin keine Superfrau. Ich kenne dieses schleimige Gefühl, das bis in die letzte Falte kriecht, diese gallige Hitze, diesen brennenden Schmerz, der ausgekostet wird bis zur Neige.

«Schmerz muß erforscht werden wie eine Seuche», sagt Ingeborg Bachmann. Stimmt. Und dann kommt die Wut. Haben Sie schon mal ein Frühstücksei an die Wand geschmettert mit der ganzen Inbrunst, zu der Eifersüchtige fähig sind? Das ruft interessante Reaktionen beim Gegenüber hervor, von Sprachlosigkeit bis zu unsicherem Lachen, und zaubert ein hübsches Muster an die weiße Küchenwand: Halbrelief mit fotogenen Rissen in der Schale und ästhetischen gelben Rinnsalen, die, der Schwerkraft folgend, wie Adern gen Erdmittelpunkt streben. Natürlich nur, wenn es sich um ein Fünf-Minuten-Ei handelt, wie ich es am liebsten mag: nicht schlonzig, nicht hart, genau richtig eben. Und danach nicht schämen. Auf keinen Fall schämen. Ausbrüche der Leidenschaft soll man genießen.

Zugegeben, im Urlaub scheint alles so einfach. Da lieg ich nun am schwarzen Strand von Puerto Naos, dem Winter in Deutschland glücklich entflohen, und denke über die Liebe und ihre Verwicklungen nach. Ist Ihnen schon mal aufgefallen, daß man, von der Sonne verwöhnt, am besten über diese wichtige Nebensache nachdenken kann? Und nicht nur nachdenken. Wenn die Wärme dir bis in die Knochen kriecht, der Wind deine Haut sanft streichelt, die bereits seit Monaten unter Schichten von Kleidung ein klägliches Dasein führte, wenn die Möwen zum Kunstflugtag einladen und das Wasser glitzert wie deine Lieblingsstraß-Ohrringe, dann bist du voller Lebenslust und bereit für die Liebe. «Ich finde es bewundernswert, daß du dich so entschieden hast», schnappe ich da plötzlich einen Gesprächsfetzen auf, als zwei Frauen im Bikini vorübergehen, «aber wie handelst du eigentlich deine monogame Beziehung?» *Händeln*, sagt sie englisch-nüchtern, und ich denke an Reparaturanweisungen: How to handel your car. Und ich dachte immer, Polygamie wäre schwieriger zu «händeln». Ich bin verblüfft.

Und fühle mich in andere Zeiten zurückversetzt, als die Klassiker der se-

Sie rührt uns immer wieder zu Tränen, diese unglückliche Geschichte von Romeo und Julia. Doch im wirklichen Leben hätten wir gerne ein astreines Hollywood-Ende. Manchmal gierst du danach, das Unmögliche zu denken.

xuellen Revolution Pflichtlektüre waren, als Günter Amendt zu sexuellen Experimenten aufrief und das Private veröffentlicht wurde. Eifersucht war verpönt, und auf der Suche nach Rezepten wurde auch Simone de Beauvoir verschlungen. Schließlich lebte sie mit Jean-Paul Sartre eine offene Beziehung, beide hatten noch andere Liebschaften, gut, er mehr als sie, aber sie auch. In den langen Jahren ihrer Freundschaft haben sie niemals zusammen gefrühstückt, heißt es, vielleicht war das das Geheimnis? «Sie kam und blieb» jedoch, dieses Buch über eine verhängnisvolle Dreiecksgeschichte habe ich verschlungen in dem Wunsch, endlich einen Hinweis zu bekommen, wie mit Eifersucht umzugehen ist, und damals gar in der Hoffnung darauf, dieses Gefühl ganz abzuschaffen. Fehlanzeige. Eine falsche Hoffnung. Mord, befand ich nach der Lektüre, ist auch keine Lösung. In der Phantasie ist allerdings alles erlaubt. Hilde hat schon Tonnen von Schnee vor die Haustür des Verhaßten gekippt, so daß er nicht mehr zur anderen gehen konnte. Maike hat des Geliebten Auto zerkratzt nach dem Motto: Triff ihn da, wo es am meisten weh tut. Hillu Schröder hat

Gerds Kleider im ehemals gemeinsamen Garten verbrannt. Manche dieser Phantasien sind es wert, in die Tat umgesetzt zu werden.

Wir wollen zuviel von Liebe und von Sex. Wir wollen den Supermann, der alles kann, der uns den Liebhaber genauso leidenschaftlich macht wie den Hausmann und den Seelsorger. Wir wollen den einfühlsamen Zuhörer und dennoch die Rakete im Bett. Wir wollen den feurigen Don Juan und scheitern an den Haaren im Waschbecken. Oder an der Zahnbürste. Mal ehrlich, so eine alte, abgelutschte Bürste, deren Borsten fast waagerecht abstehen, weil sie schon ein Jahr lang wacker ihren Dienst tut, kann schon enterotisierend wirken. Wenn sie zu allem Überfluß auch noch mit getrockneten Salatresten garniert ist, die sich in der Tiefe der Borsten verfangen haben und aussehen wie eine neckische Petersiliengarnitur auf Fisch, und dir jeden Morgen dieses Gesamtkunstwerk männlicher Nachlässigkeit entgegenlacht, dann ist die Leichtigkeit des Seins in unerträgliche Ferne gerückt. In der Liebe sind Alltagshindernisse nun mal so prosaisch.

Deshalb halte ich es in dieser Hinsicht auch mit Simone de Beauvoir: Nie mit dem Liebsten zusammenwohnen. In derselben Stadt, ja, aber in verschiedenen Wohnungen. Gut, ich muß deshalb nicht gleich ins Hotel ziehen. Aber ich verstehe Brigitte Reimann, die sich selbst in den Zeiten des real existierenden Sozialismus in der DDR den Luxus von getrennten Wohnungen leistete. Was hat sie gelitten, diese Frau, die es sich mit der Liebe nie einfach machte und sie doch so liebte, daß sie gleich viermal geheiratet hat. Wenn sie einsam war und der Liebste weit weg, die Wohnung ihr wie eine einsame Insel vorkam

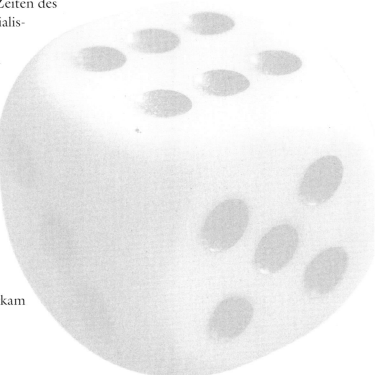

und sie sich nach geruhsamer Normalität sehnte. «Wenn man das auch während der Ehe beibehalten könnte: den anderen wie einen lieben Gast empfangen ... Wir werden uns den Luxus leisten, zwei getrennte Wohnungen zu haben», schreibt sie in ihren Tagebüchern – in denen es übrigens oft, oft um die nichtlebbaren Lieben geht.

Ist Liebe also zum Scheitern verurteilt, wie es uns schon der Shakespeare-Klassiker «Romeo und Julia» nahelegt? Da mag die Lerche noch so sehr zur Nachtigall umgedeutet werden: Liebespaare sind nun mal keine Ornithologen, und das Unheil nimmt seinen Lauf. Sie rührt uns immer wieder zu Tränen, diese unglückliche Geschichte. Doch im wirklichen Leben hätten wir gerne ein astreines Hollywood-Ende. Manchmal gierst du danach, das Unmögliche zu denken.

Auch wenn der Blick auf die Reichen und Berühmten dich eines Besseren belehrt. Denen geht womöglich noch mehr daneben als unsereinem. Liz Taylor und Richard Burton, die nicht mit- und nicht ohne einander konnten, sich liebten und sich schlugen und sich doch dreimal das Ja-Wort gaben. Eine Amour fou der besonderen Art, die erst mit seinem Tod endete. Oder die leidenschaftliche Liebesaffäre zwischen dem unansehnlichen Diego Rivera und der aparten Frida Kahlo. Er, den sie zärtlich Frosch nannte, betrog sie mit ihrer Schwester, sie ging mit Leo Trotzki, dem Revolutionär im Exil, fremd. Sie trennten und sie versöhnten sich. Von ruhigem Alltagsplätschern war ihre Liebe so verschieden wie der Amazonas vom Gebirgsbächlein. Wir sehen: Auch bei den anderen, den Berühmten, ist die Zweisamkeit eine Berg-, Tal- und Höllenfahrt. Das ist irgendwie beruhigend.

Soviel wissen wir über die Liebe: daß sie eine Erfindung des 19. Jahrhunderts ist, daß die Ehe früher eine Versorgungseinrichtung war, ein Vertrag. Was hast du dir den Kopf zerbrochen über dein Berufsleben, das dir wichtig ist und auch bleiben soll, trotz Liebe und Mann und sogar Kindern, du hast dir geschworen, daß du dich nicht krallen lassen willst, nicht einengen. Daß du deine Freiheit brauchst, aber natürlich auch Zuverlässigkeit. Alles mögliche hast du in Gedanken abgespult, schließlich ist das nicht mehr so einfach mit der Liebe in den Zeiten unklarer Rollenverteilung. Doch wenn es dann zum Ernstfall kommt, bist du einfach hilflos. Wie oft haben wir in unseren Kamingesprächen schon gewünscht, die Liebe unverkrampft und gelassen betrachten zu können. Einfach zu küssen und dabei nicht zu denken, weil das bekanntlich der Illusion schadet. Eben wie es bei Hildegard Knef so trefflich hieß: «... und kommst du mal aus dem Gleis, war's eben Erfahrung – anstatt Offenbarung.» Eigentlich sind wir klug genug zu wissen, daß auf den ersten irgendwann der letzte Kuß folgt. Und könnten die Sache mit der Liebe lächelnd leichtnehmen.

Doch im Alltag scheitern wir an so simplen Fragen wie: Wer fängt an? Wer sorgt dafür, daß aus dem ewigen Geblinzel wenigstens ein Telefonat wird? Das waren heftige Kämpfe bei Hilde. Natürlich kannten beide den Namen des anderen. Davon ging Hilde auch recht bald aus. Gut. Aber wie sollte sie zur zweiten Stufe überleiten, nämlich zum Anruf? «Hallo, ich bin die Frau, die du immer so anstarrst. Sollen wir mal einen Kaffee trinken gehen?» Zu banal. «Ich bin dein E-mail-Kontakt.» Zu keck. «Du hast einen Versuch, meinen Namen zu raten.» Zu melodramatisch und außerdem: Womöglich kennt der ihren Namen doch nicht? Das wäre superpeinlich. Und überhaupt: Warum ruft er eigentlich nicht an, der Feigling? War denn die ganze Emanzipation nur dazu da, daß wir auch noch den Hassel mit der Eroberung am Bein haben und die Kerle lehnen sich nur noch bequem zurück?

Wenn dieses Stadium erreicht ist, sind wir soweit wie der berühmte

> Wenn die Welt zu einer unbewohnbaren Wüste wird und die Liebe ein verlassener Stern. Alle reden und gehen zur Arbeit, als ob nichts passiert sei, essen ihr Schnitzel, während du allein weißt, daß nie mehr etwas sein wird wie damals.

Nachbar in Paul Watzlawiks «Anleitung zum Unglücklichsein». Der will eigentlich nur einen Hammer leihen. Doch er macht sich schon vorher so viele Gedanken darüber, was der Nachbar Gemeines zu ihm sagen könnte, weil er ihn vielleicht stört. Und dann fällt ihm ein, daß der doch schon seit Tagen so komisch guckt, eigentlich ganz unverschämt guckt. Am Schluß ist er so wütend, daß er ganz vergessen hat, was er eigentlich wollte. Als sich auf sein Klingeln die Tür öffnet, beschimpft er den verblüfften Nachbarn, der vom Krieg im Kopf des anderen herzlich wenig weiß, erst mal heftig. So sind einfache Vorhaben zum Scheitern verurteilt. Wenn sich der fragliche Typ in einem solchen Stadium der Hirnverrenkung meldet, bekommt er sicher eine Breitseite ab: cool, überlegen und fein ironisch. Sicher ist auch, daß er sich davon nicht so schnell erholt. Manche Liebesfallen kann man sich am besten selbst graben.

Viel einfacher sind da Liebesfilme, bei denen du dich bequem zurücklehnst und dir nicht den Kopf zermartern mußt, ob der zweite Anruf mit deinem Stolz zu vereinbaren ist oder er womöglich denkt, daß du ihm hinterherrennst. In Filme kannst du eintauchen und so herrlich passiv sein und die anderen rackern lassen. Du kannst dir deinen bequemsten Jogginganzug anziehen, Couch-Potatoe spielen und deinen Lieblingswein aufmachen. Ich lege außerdem Tempo-Taschentücher bereit für die sentimentalsten Minuten und bitte die Wohngenossin zum tränenreichen Abend am Wochenende mit Liebe aus der Konserve.

«Maike, es ist mal wieder soweit.»

«Schon wieder? Wir haben doch erst vor vier Wochen ‹Sugar Baby› und ‹Bittersüße Schokolade› geguckt.»

«Ich hab auch eher an ‹Casablanca› und ‹To Have or Have Not› gedacht.»

«Überredet. Ich mach Mousse au chocolat, und du besorgst die Filme.»

Manchmal muß man sich auch in der Liebe gehenlassen, und am besten geht das mit der Freundin. Mein Lieblings-Liebesfilm ist «Don Juan de Marco» mit Johnny Depp, Faye Dunnaway und Marlon Brando. Hab ich schon gesagt, daß ich eine hoffnungslose Romantikerin bin? Wie der hübsche Johnny Depp selbst im Irrenhaus die nüchternen Pfleger und den dicken Marlon Brando mit seiner Schwärmerei infiziert, so ansteckend in seiner Verliebtheit in die Liebe, daß er die Schnödheit des Alltags wegfegt wie einen lästigen Fussel und Marlon Brando seine Gattin nach Jahrzehnten Ehe endlich fragt: «Was hast du für Wünsche?» und sie glücklich ant-

> «Viele Frauen drücken
> lange ein Auge zu.
> Am Ende aber nur noch,
> um zu zielen.»

Humphrey Bogart

wortet: «Ich dachte, du würdest nie fragen.» Ja, ja, jaaah. Tusch, Taschentuch, Vino tinto.

Alle haben einen Lieblings-Liebesfilm, machen Sie mal eine Umfrage. Bestimmt alle Frauen, und die Jungs auch, wenn sie ehrlich sind. Maike steht eben auf Lauren Bacall und Humphrey Bogart in «To Have or Have Not». Deshalb konnte ich sie auch so leicht ködern. Nur in der Originalfassung allerdings, darauf besteht sie. «Sonst kriegst du doch die knisternde Erotik nicht mit zwischen den beiden», sagt sie, die den Film bestimmt schon zehnmal gesehen hat, «außerdem gefällt mir diese rauchige Stimme der Bacall.» Klar, jeder liebt die Szene, in der sie ihrem Humphrey das Pfeifen beibringt. «You know how to whistle, don't you? Just put your lips together and blow.» Zwei simple Sätze voller Erotik. Und Maike kichert immer, wenn er «slim» zu ihr sagt. Das tut er übrigens ziemlich oft. Eigentlich ist dieser Streifen nicht nur ein Film, das ist auch ein Stück wahres Leben, denn schließlich haben sich Bogart und Bacall während der Dreharbeiten ineinander verliebt. Anette steht auf den Klassiker aller Schnulzen, auf «Vom Winde verweht», was den Vorteil hat, daß du keine Videos leihen, sondern nur auf Weihnachten warten mußt: In irgendeinem Programm läuft die Südstaaten-Saga so sicher wie das Amen in der Kirche.

Wir brauchen eben unsere kleinen Fluchten. Im Alltag ist die Liebe nicht so geruchlos, wird nicht von Geigen begleitet, und manchmal rülpst sogar einer – huch. Jede kann doch eine Geschichte vom ersten Kuß oder vom ersten Mal erzählen, die mehr als ernüchternd ist. Also ich war enttäuscht von der Knutscherei. Da hatte ich mich aufgebrezelt für den Rummel, schön gemacht für die Scooter-Fahrten, na ja, was man als 14jährige halt so schön findet: knappes Top, schwarze Augen, ein bißchen sexy, ein bißchen schüchtern. Und dann, als ich wirklich nicht mehr dran glaubte, bei der buchstäblich letzten Fahrt, kurz bevor die Lichter ausgeknipst wurden, hat mich der Junge meiner Träume ins Auto eingeladen. Und heimgebracht.

Vor der Haustür dann der erste Kuß. Ich kannte nur die antiseptischen Küsse aus amerikanischen Fernsehfilmen, und plötzlich hatte ich eine Zunge im Mund – iiihhh. Sagen wir so: Es war gewöhnungsbedürftig, weil die Erwartungen so anders waren. Inzwischen küsse ich für mein Leben gern.

Und dann das Ende der Liebe. Wenn die Welt zu einer unbewohnbaren Wüste wird und die Liebe ein verlassener Stern. Alle reden und gehen zur Arbeit, als ob nichts passiert sei, essen ihr Schnitzel, während du allein weißt, daß nie mehr etwas sein wird wie damals, als Uli noch der süße Kerl mit den treuen Augen war und nicht Godzilla. Am Ende der Liebe werden Männer zu Monstern. Wie bei Maike. Was hat sie diesen Kerl geliebt, mit dem man so wunderbar diskutieren konnte, der klug war und zärtlich und einfühlsam. Da war man gemeinsam nach Guatemala gereist, hatte Entwicklungshilfeprojekte angeguckt, sich mit den Herren vom Entwicklungshilfeministerium gefetzt und war nach so viel kämpferischen Gemeinsamkeiten im Bett gelandet. Gut, auch er war verheiratet wie viele über 30, aber mußte es so enden? Daß der Mann mit der bewegten Vergangenheit, der vor Ceaucescu aus Rumänien geflüchtet war, sich nach drei heißen Liebesnächten einfach nicht mehr meldete, als wäre nichts gewesen? Der Kerl aus Rumänien wurde frei nach Jürgen von der Lippe zur Muräne, einer dieser ekligen Wasserschlangen, vor deren spitzen Zähnen du dich in acht nehmen mußt. Weil sie zubeißen, während du noch an nichts Böses denkst, und ihr Biß dich garantiert mit unzähligen Bakterien verseucht, mit denen sie ihre Zähne aufgerüstet haben. So hab ich's zumindest mal irgendwo gelesen.

Am Ende der Liebe bist du genauso erfinderisch wie am Anfang. Oder um es mit dem sympathischen Macho Humphrey Bogart zu sagen: «Viele Frauen drücken lange ein Auge zu. Am Ende aber nur noch, um zu zielen.» Das hilft, wenn du denkst, daß die Sonne nie mehr so hell scheinen wird wie vorher, wenn du befürchtest, daß der Schmerz dir alle Lebenslust herausgebrannt hat: Irgendwann zahlst du ihm das heim. Und dann kommt der Zeitpunkt, wo du dich aus deinem Kokon aus Selbstmitleid und Leid wieder herauswagst. Dann kannst du wieder Zarah Leander hören und trotzig denken: «Aber sicher gibt es nicht nur einen.» Und du gehst in seine Lieblingskneipe, weil du testen willst, ob es noch weh tut, wenn du ihn siehst. Und wie weh es tut, wenn er da mit der anderen sitzt. Dann kommt der Moment, an dem es wieder aufwärts geht. Und wenn dich die Freundinnen mitnehmen zur Seelen- und Bürstenmassage nach Baden-Baden und du wieder lernst, kleine Freuden des Alltags zu genießen, dann bist du überm Berg.

Du liegst in der wunderschönen Sauna des Friedrichbads, beobachtest den Dampf, der zwischen den Jugendstil-Kacheln herausströmt, läßt dich wärmen und treiben und einfach los. Wenn dich die patente Frau in der weißen Schürze einseift, deinen Körper durchbürstet und dir erzählt, daß du so schön schlank bist ohne ein kleines Gramm Speck, das dir der Liebeskummer abgenagt hat, aber das weiß sie ja nicht, dann atmest du zum erstenmal seit Jahrtausenden wieder durch. Und du gehst hinaus in das Bad mit den verspielten Rundbögen, dort, wo auch die Männer sich tummeln, und du entdeckst, daß der eine oder andere durchaus ansehnlich ist, mit knackigem Arsch und allem Drum und Dran. Und du beginnst, dich auf das Spielcasino zu freuen und die Aussicht, sinnlos 200 Mark beim Roulette zu verspielen. Oder womöglich 100 Mark zu gewinnen, wer weiß?

Pair ou Impair, Rouge ou Noir, Faites vos jeux – auf ein neues.

Arbeiten,
Über
daß die
Schaffensfreude
Funken
und Selbstzweifel
stieben

«Ich bin völlig unfähig.» Stimmt nicht, darf eine Freundin in akuter Krisenstimmung auf keinen Fall sagen.

Ich geh zu Aldi an die Kasse.» Das ist der ultimative SOS-Ruf, höchste Alarmstufe. Wenn die Wohngenossin sich gerade noch zutraut, die Preise von einem Pfund Quark und von Mentos fruit in die Kasse der Supermarktkette einzutippen, ist ihr berufliches Selbstbewußtsein gerade ganz weit unten. Begraben im tiefsten Keller aller Karrierewünsche. Dann ist Seelenmassage notwendig. «Kartoffelbrei?» frage ich, und ihre steilen Stirnfalten glätten sich ein wenig. Selbstgemachter Kartoffelbrei schmiert die Nerven von innen heraus. «Barolo oder Rioja?» schiebe ich nach, «vom Rioja sind noch zwei Flaschen da.» Als sie den roten Spanier holt, ist schon die Andeutung eines Lächelns zu sehen. Und während wir den lockeren Brei löffeln, mit Muskat und ohne Soße, und die erste Flasche Rioja köpfen, schimpft sich die Radiofrau richtig in Rage. Die Reportage über Bosnien hat sie heute wieder nicht fertiggekriegt («Ich bin viel zu langsam»), die O-Töne sind sowieso scheiße («Ich kann keine Fragen stellen») und überhaupt: «Ich bin völlig unfähig.»

Stimmt nicht, darf eine Freundin in akuter Krisenstimmung auf keinen Fall sagen. Auch nicht: «Du und dein Perfektionswahn.» In manchen Situationen ist die Wahrheit zu banal. Jetzt muß erst mal Dampf abgelassen werden, muß die ganze Verzweiflung raus darüber, daß sie sich mal wieder zuviel vorgenommen hat und an ihrer schärfsten Kritikerin gescheitert ist: an sich selbst. «Stell dir vor, ich hab sogar die Fingerkuppen zusammengelegt und versucht, tief durchzuatmen», gesteht Maike bei der zweiten Flasche, und wir kichern. Die Lage ist ernst, aber nicht hoffnungslos. Von diesem billigen Trick aus der Ratgeberkiste hab ich ihr erst kürzlich erzählt.

Ratgeber für berufliche Depressionen gibt es wie Sand am Meer. Vor allem für Frauen. Sie sagen uns, wie wir erfolgreich, durchsetzungsstark, kompetent, rhetorisch fit oder tatendurstig, aber nicht übermotivert ins neue Jahrtausend kommen. Kursiv gedruckte neckische Übungen und viele Ausrufezeichen inbegriffen, damit wir auch wissen, was wir uns merken sollen. Mit der Fingerkuppen-Nummer verspricht ein Karriereguide, Frauen ganz gelassen nach oben zu führen. Nach Jahren des Kämpfens und Beweisens, lese ich da, bricht nun ein neues Zeitalter an. «The New Gelassenheit» heißt das Zauberwort. Ich habe gestaunt, wie einfach das ist: den Oberkörper vor- und zurückwiegen, um die Muskelverspannung zu lockern, oder die Fingerkuppen aneinanderpressen, weil man so angeblich viel freier durchatmen kann. Maike und ich haben uns vorgestellt, was der Chef wohl sagen würde, wenn wir mitten in der heftigen Gehaltsdiskussion plötzlich die Oberarme hängen ließen, die Beine hüftbreit aufstellten und uns autistisch vorwärts, rückwärts, seitwärts wiegen würden, um die zweifellos verspannte Rückenmuskulatur zu lockern. Wer ist nicht verspannt, wenn der Chef partout nicht einsehen will, daß Leistung ihren Preis hat? So einfach ist es also, locker zu bleiben.

Im neuen Jahrtausend, sagt uns der Karriereguide, ist Gelassenheit Trumpf, nachdem Frauen schon mal Karriere gemacht haben. Nun sollen sie das Ganze auch gefälligst genießen. Auf geht's, Frauen. Seid nicht so streng zu euch selbst! Findet euch endlich klasse! Brüllt euch im Spiegel an!

Ja, wirklich. Das steht da. Die Anthropologin Margaret Mead hat angeblich ihren Tag begonnen, indem sie ihrem Spiegelbild lautstark verkündete: «Gott sei Dank, daß ich Margaret Mead bin.» Ich weiß nicht, ob sie das vor oder nach dem Zähneputzen getan hat, denn zu diesem autosuggestiven Satz soll man sich auch noch anlächeln: Cheese. Ich weiß nur, daß ich mich damit schwertue. Ich will bestimmt nicht morgens nach dem Aufstehen gleich brüllen: «Ich bin froh, daß ich Margaret Mead bin.» Gut, ich soll einen anderen Namen einsetzen, meinen Namen. Aber abgesehen davon, daß ich morgens sowieso nichts rede, geschweige denn brülle, bevor ich nicht den Morgenmuffelklassiker hinter mir habe – eine Kanne Tee hinter der Tageszeitung –, kann ich mir nicht vorstellen, daß irgend jemand so etwas freiwillig tut. Die Wohngenossin hat jedenfalls angedroht,

«Ich weiß nicht, wann ich wahrhaftig ich selbst bin, am Schreibtisch oder sonst» – Brigitte Reimann

«Aber schön ist es doch, mit aller Unruhe und Hetzerei.»

Brigitte Reimann

daß sie sich eine neue Wohnung sucht, falls ich den Tag mit Kampfgeschrei beginne. So können gewiß wertvolle Karrierestrategien am schnöden Unverständnis der Umwelt scheitern.

Habe ich jetzt oft genug «ich» geschrieben? Ungefähr dreizehnmal? Dann ist es gut. Dann habe ich zumindest ein gewisses Selbstbewußtsein bewiesen. Ich stehe zu meinen Stärken und Schwächen. Kursiv und mit Ausrufezeichen! Jawoll!

Dabei liebe ich meinen Beruf. Meistens jedenfalls. «Wenn man schafft, daß die Funken stieben, so kann man so viel mehr auf sich selbst halten», sagt Elsa Triolet, «es dünkt einen, man habe viel mehr Recht zu existieren, kurz, es ist einem viel wohler.» Genau. Auch ich liebe es, wenn die Funken stieben, ich kann mich in einen Auftrag verbeißen wie ein Terrier und mich freuen, wenn sich der Erfolg einstellt. Endlich einen Job gefunden, der dich ausfüllt und, nicht zuletzt, finanziell unabhängig macht. Erfolg ist sexy, und Macht macht an. Es kann zum Rauschmittel werden.

Leider ist das eine geradezu romantische Vorstellung. Denn manchmal klappt auch gar nichts. Die Funken stieben, aber nach oben klettert dennoch der Kollege, der's eher gemächlich angeht. Du quälst dich, weil Qualität schließlich von Qual kommt, doch keinen interessiert's. Und du fragst dich, wann du eigentlich zum letztenmal die Sporttasche benutzt hast, die allzeit bereit auf dem Rücksitz deines Autos liegt. Oder im Kino warst. Oder im Theater. Dann stimmst du etwas traurig, aber doch voller Trotz Brigitte Reimann zu: «Aber schön ist es doch, mit aller Unruhe und Hetzerei.» So haben wir es gewollt.

Und dann sind sie wieder da, diese gräßlichen Zweifel, diese Unsicherheit, die nicht nur die Wohngenossin in regelmäßigen Abständen überfällt. Hilde, eine gestandene Juristin, pflegt dann zu klagen: «Ich liege bald unter der Brücke.» Entlassen wegen Unfähigkeit, vergessen von allen Freunden, nur ein treuer Hund harrt neben dem Schlafsack und der Zweiliterflasche Kalterer See aus. Meine Kollegin will in solchen Zeiten ins Lager der Putzfachkräfte wechseln, und ich wünsche mich an die Wursttheke. Jeden Tag Lyoner und Kalbshaxen abwiegen, da kann doch nichts schiefgehen. Zumindest ist es da weniger aufregend, das habe ich beim Jobben in den Semesterferien mitgekriegt. «Ganz schön kokett», sagt dann der Geliebte. Aber Männer verstehen das eh nicht. Sie kennen die Nöte einer Frau nicht, die immer ein bißchen besser sein muß, um sich in einem Männerberuf durchzusetzen. Das macht bequem. «Ich habe es satt, mich auf dem Niveau von Männern zu bewegen. Ich habe ihr Niveau satt, das insgesamt flach, gelegentlich auch etwas höher ist, aber immerzu von großer Plattheit», sagte die amerikanische Journalistin Janet Flanner.

Ich laß mir meine Depressionen nicht schlechtmachen. Auch Hilde schöpft Mut aus ihrem Brückenszenario. Wer will schon dauernd glücklich und ausgeglichen und perfekt durchs Leben gleiten? Wie langweilig! Wenn einer im Schneckentempo vor mir her schleicht, während ich schnell nach Hause kommen will, dann will ich nicht die Fingerkuppen gegeneinanderdrücken und tief durchatmen. Dann will ich schimpfen und toben und hupen. «Wenn mir ein Kollege krumm von der Seite kommt, wenn ich eh schon bis zum Hals in Arbeit versinke, dann muß er auch einen verbalen Uppercut aushalten», sagt Maike, «ich bin schließlich nicht im diplomatischen Dienst.» Und Hilde fordert: «Auch als Chefin hab ich das Recht auf schlechte Laune, ich bin doch kein Eiszapfen.» Dann skandieren wir unvollkommenen Frauen voller Freude unseren Schlachtruf: «Scheitern als Chance.» Schwäche ist Stärke, ohne Zweifel kein Selbstbewußtsein. Ha!

Das sage ich natürlich nur, wenn es mir gutgeht. Wenn es mal wieder soweit ist, dann wünschst du dir, daß du einfach den Oberkörper vor- und zurückwiegen mußt, und schon ist der überhebliche Kollege, der alles besser weiß, weggeschaukelt, vergessen. Beam him up, Scotty. Dann wünschst du dir, daß die Imperative der Lebenshilfe (Lebe sorglos! Setzen Sie sich langfristige Ziele! Verschwenden Sie keine Gedanken darauf, was andere von Ihnen denken! Gehen Sie sorgsam mit Ihrer Zeit um!) deine Zweifel verscheuchen wie eine aufdringliche Fliege. Ja, gebt mir einen Rat, helft mir, diesen vermaledeiten Job einfach zu machen, weil auch eine Frau Geld zum Überleben braucht, sagt mir, wie die «innere Kritikerin» zur «inneren Heldin» wird, erzählt mir, wie das Leben einfacher wird. Oder noch besser: Lebt es gleich für mich. Mit allen Ausrufezeichen.

Diese traurigen Momente der Kapitulation gibt es. Doch selbst in solchen schwarzen Zeiten weißt du im Grunde, daß der Rat von der Stange nichts wert ist. Er zwickt an den Schultern, schlabbert in der Taille, und bestimmt fehlt noch ein Knopf. Die Seele hat nun mal nicht Konfektionsgröße, nicht alle werden nach derselben Fasson glücklich. Aber Jammern hilft auch nicht weiter. Es muß doch, verdammt noch mal, etwas dazwischen geben, zwischen dem patenten Konfliktlösungsehrgeiz auf der einen und dem genüßlichen Weltleiden auf der anderen Seite. Bloß was?

Keiner hat uns gezwungen, zu werden, was wir wurden. Hilde ist auf dem besten Weg zur Staranwältin, ohne daß übertriebener Ehrgeiz ihrer Mutter sie dahin genötigt hätte. Maike landete auch nicht beim Radio, weil akute Geldnot sie trieb. Ich habe einen gutbezahlten Job aufgegeben, um Journalistin zu werden. Und Anette steht nicht nur auf der Bühne, weil sie aus einer musikalischen Familie kommt. Wir haben es so gewollt. Wir haben den Job gewählt wie einen Liebhaber: Nur der Beste ist gut genug. Es ist wie eine Amour fou: nicht mit und nicht ohne ihn. Auch ich habe mich schon mehr als einmal von ihm scheiden lassen und weiß doch genau, daß ich mir ein Leben ohne nicht vorstellen kann.

«Das einzige, was ich über meine Arbeit sagen kann, ist, daß ich male, weil ich muß», sagte Frida Kahlo. Es ist eine schwierige Beziehung. Aber sie läßt wenigstens eines nicht aufkommen: Langeweile. Denke positiv, fordern die Ratgeber. «Es gibt nichts Schlimmeres als eine Frau, die von Langeweile geplagt wird», gab Coco Chanel als ultimative Lebensweisheit zum besten. Na bitte.

Anette macht die Menschen und ihre begeisterten Schüler glücklich mit ihrem Querflötenspiel. Und wenn ihr am Ende der Vorstellung ein Verehrer ehrfurchtsvoll eine rote Rose in die Hand drückt und für den wundervollen Abend dankt, dann trägt sie die Nase oben. «Klar», sagt die Künstlerin ohne falsche Bescheidenheit, «Pavarotti freut sich doch auch, wenn er Blumen bekommt.» «Wenn mir eine Sendung gelungen ist, wenn ich mit mir selbst zufrieden bin und noch ein Kollege sagt: Mensch, tolle Sache», meint Maike, «dann fühle ich mich wie Messner ohne Sauerstoff auf dem Gipfel des K2.» Nicht daß sie von Lob abhängig wäre, bewahre. Aber gut tut es doch, irgendwie. Und Hilde bekennt: «Als ich die Abteilungsleiterstelle gekriegt habe, habe ich daheim getanzt und mir eine Flasche Champagner genehmigt.» «Was, allein?» schnappt Anette ein, «den hast du uns versprochen. Schließlich mußten wir uns dauernd dein Brückengejammere anhören.» Die Old-Girls-Networks haben auch ihren Preis.

Eine kleine Umfrage unter den Freundinnen hat gezeigt, daß unsere Künstlerin das unverkrampfteste Verhältnis zu ihrem Job hat.

«Ich liebe das Leben und meinen Beruf», sagt **Anette**, «und eben in dieser Reihenfolge. Ich will nicht mit dem Rauchen, dem Ausgehen und den aufregenden Liebesaffären aufhören, nur damit ich einen besseren Ton hinkriege. Ich will gar nicht die beste Querflötistin der Welt werden und immer auf der Bühne stehen. Zwischendrin unterrichte ich einfach riesig gerne. Mir genügt, was ich habe.»

«Ich wollte immer Karriere machen», sagt **Gundi**, die als Biologin ein eigenes Labor aufgebaut hat und inzwischen zehn Angestellte beschäftigt, «ich habe rund um die Uhr geschuftet und stellte irgendwann fest, daß ich mein Leben im Labor verbringe. Freunde besuchten mich nicht mehr daheim, sondern gleich im Labor. Da habe ich beschlossen, daß das Leben noch mehr bieten muß.»

«Ich will Entscheidungen treffen», sagt **Hilde**. «Und dazu brauche ich Macht. Als Chefin redet dir nicht dauernd einer rein. Klar bin ich dann einsamer, das finde ich ätzend, aber es läßt sich wohl nicht ändern.»

«Macht interessiert mich nicht», sagt **Maike**, «ich will inhaltlich arbeiten, und das gut. Wenn du auf einer Chefstelle sitzt, mußt du doch nur organisieren und wirst mit Papierkram zugemüllt.»

Lassen Sie uns also über Macht reden. «Macht ist das beste Aphrodisiakum», hat der ehemalige US-amerikanische Außenminister Henry Kissinger einmal gesagt. Das scheint aber nur für ihn und seine Geschlechtsgenossen zu gelten. Während den Jungs in höheren Positionen die Frauen zu Füßen liegen, wenn man dieser Äußerung glauben darf, traut sich an Karrierefrauen kaum ein Mann heran. Männer sind Memmen. Oder warum glauben Sie, daß so viele im Beruf erfolgreiche, gutaussehende Frauen Singles sind? «Job kills love», sagt Hilde lapidar. «Wenn ich die ganze Woche am Rödeln bin, hab ich keinen Kopf für die Liebe. Und keine Antenne für einschlägige Funksignale.» «Männer kriegen Angst, unter die Räder zu kommen, nicht mehr das Wichtigste zu sein in unserem Leben», sagt Maike. Es ist schon verdammt schwierig, zwischen Konferenzen, Geschäftsreisen und Telefonaten einen passenden Kerl zu finden oder ihn in der ganzen Gemengelage nicht zu verlieren. Welcher Mann erträgt es schon, daß seine Liebste ihn immer wieder versetzt, weil es doch später wird? Welcher Lebensgefährte bringt schon die Stärke auf, seine berufstätige Frau selbstlos zu unterstützen? Lieber andersrum, denken sich die Jungs, das ist leichter. «Bei mir in der Abteilung haben die Männer die Kinder», erzählt Hilde. Das Leben ist ungerecht.

Und die Ansprüche hoch. Es ist nicht nur der Job, der perfekt erledigt werden will. Die Erziehung der Kinder soll nicht drunter leiden und beides noch Zeit lassen für die Liebe. Es ist die verfluchte Quadratur des Kreises. Selten gehen Frauen so locker mit einem geliebten Job um wie Anette. Meist sind wir dauernd im Dienst, Tag und Nacht. Ich gestehe, ich habe Block und Bleistift neben meinem Bett liegen, seit mir mal nachts ein genialer Anfang für eine Geschichte eingefallen ist. Gut, ich habe geträumt, daß er genial sei. Er stellte sich am nächsten Morgen als eher na ja! heraus. Ich nehme mir vor, es mal mit «The New Gelassenheit» zu probieren, und werfe den Block in den Papierkorb.

Denn dieser verfluchte Perfektionswahn treibt uns zur Selbstausbeutung. Und der von anderen. Hilde ist Meisterin in beidem. Vier Freundinnen hat sie zusammentelefoniert in höchster Not: «Ich muß bis Mon-

«Das einzige, was ich über meine Arbeit sagen kann, ist, daß ich male, weil ich muß» – Frida Kahlo

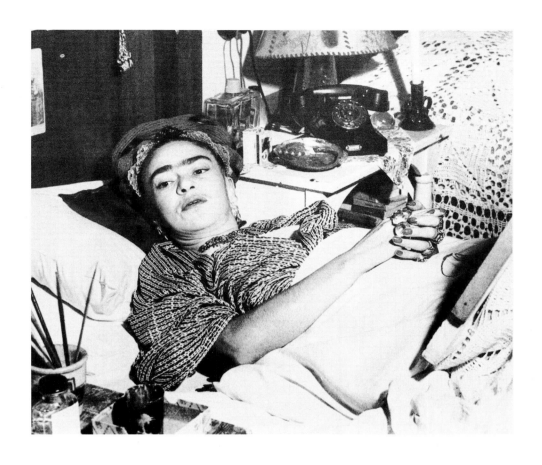

tag ein Positionspapier erstellen. Ihr müßt mir helfen.» Frauennetzwerke gegen die Old-Boys-Networks, da stehen wir auf der Matte. Und wir diskutieren am Wochenende, wenn andere ins Kino gehen oder ins Konzert, lassen die Köpfe rauchen und haben nicht erst nach der dritten Flasche Wein gute Ideen. Wir formulieren Forderungen, überlegen Finanzierungsmodelle: Jeder Arbeitgeber hätte seine Freude an dieser kostenlosen und effizienten Kleingruppe. Am Montag ruft Hilde an und erzählt etwas kleinlaut, daß das Ganze ein Manöver der Geschäftsleitung gewesen sei, um den Mitarbeitern das Gefühl zu geben, sie könnten auch noch mitreden. In Wirklichkeit ist alles schon ausgehandelt, das Wochenendpapier landet in der Ablage. «Lernen Sie zu delegieren», vermerkt der Ratgeber altklug. Aber bitte nicht an Freunde. Schon gar nicht am Wochenende.

Maike brachte die Podiumsdiskussion über Bioethik an den Rand eines Nervenzusammenbruchs. Dabei sollte sie nur moderieren. Drei Wochen lang allabendlich das gleiche Klagelied. «Ich weiß zuwenig», jammerte die Wohngenossin, «Biotechnologie ist so ein komplexes Thema.» Und sie schleppte immer mehr Bücher nach Hause, fraß sie regelrecht auf. Am Ende hätte sie ein Biotechnologie-Institut aufmachen können. Je mehr sie wußte, um so bloßer lagen die Nerven. «Du bist Moderatorin, nicht Fachfrau», gab ich gebetsmühlenartig zu bedenken, «du kannst dir nicht in drei Wochen eine Materie aneignen, mit der sich Fachleute 20 Berufsjahre beschäftigen.» Worte in den Wind. Am Tag X waren wir beide am Ende und schleppten uns mühsam zur Veranstaltung. Inzwischen wußte auch ich so viel zum Thema, daß ich auf die Diskussion richtig gespannt war. Und was passiert? Maike tritt ans Mikrofon, ich kriege schon leichtes Herzklopfen, und sagt lapidar: «Die Fachleute wollen vor so einem kleinen Auditorium nicht sprechen. Entschuldigen Sie.» Was? Nichts entschuldige ich. Unverschämtheit! Wozu haben wir uns drei Wochen lang gequält? Der ganze Streß für nichts? Mein lautes Murren brachte mir nur einen vernichtenden Blick der Wohngenossin ein. Wir haben den Frust beim Spanier runtergespült, auch das Ende der Selbstfolter gefeiert und uns geschworen: Nie mehr so ein Theater. Wenn Maike seitdem jammernd heimkommt, sage ich nur: «Bioethik.» Manchmal hilft das.

Genauso wie das Wissen, daß auch berühmte und von uns verehrte Frauen von Zweifeln geplagt werden. Sylvia Plath etwa war getrieben von der Angst, daß ihre Schaffenskraft untergehen könnte in Kindergeschrei

> «Damit sie sich sicher
> fühlte, brauchte sie eine
> Menge von Beweisen.»
>
> **Claude Sautet über Romy Schneider**

und der Anstrengung, als Mutter den Alltag zu meistern. «Was ich am meisten fürchte, ist der Tod der Phantasie», schrieb sie. Dabei hat sie ihr Leben, ihre Erfahrungen, ihren Beruf und ihr Leiden an sich selbst so aufrüttelnd präzise beschrieben. Auch sie war von diesem Perfektionsstreben getrieben, auch sie konnte nicht akzeptieren, daß sie nicht «auf irgendeine Weise vollkommen» war, wie sie das Phänomen nannte. Eine Leidensgefährtin, die schließlich von der Verzweiflung aufgefressen wurde und sich mit nur 30 Jahren umbrachte.

«Eigentlich such ich gar keine Lösung», meint Maike trotzig, «ich suche Trost. Einen klitzekleinen Trost, okay?» Und den gibt's eigentlich nur, wenn man weiß, wie man gelegentlich an die roten Rosen kommt, die kleinen Wunder, die das Leben plötzlich wieder aushaltbar machen. Sie wissen schon, dieses Gefühl von «Für mich soll's rote Rosen regnen...» Maike ist ein großer Fan von Hildegard Knef, die trotz aller Widrigkeiten immer wieder überzeugend singt: «Ich will, ich will.»

Wir wollen auch viel. Liebe, Job, Kinder. Und dazu noch rote Rosen. Manchmal muß man das Unmögliche fordern.

Oder nehmen Sie Romy Schneider. Bis zur Besessenheit tüchtig im Beruf und verzweifelt untüchtig im Alltag. Eine Kerze, die an zwei Enden brannte und mit 43 Jahren erlosch. Sie war auf der Leinwand die strahlende Sissi, eine Figur, die sie zeitlebens als «Grießbrei» empfand, der an ihr pappte. Sie war selbstmitleidig und selbstironisch, arrogant und bescheiden, sie war die raffinierte Verführerin und die schüchterne Geliebte. Und sie hatte immer Angst, erinnert sich Regisseur Claude Sautet, der in fünf Filmen mit ihr zusammengearbeitet hat: «Damit sie sich sicher fühlte, brauchte sie eine Menge von Beweisen.» Kennen wir verdammt gut.

Bei diesen Frauen finden wir eine Heimat für unsere Unvollkommenheit. Wir brauchen nicht die Allmachtsphantasien einer Maggie Thatcher oder die satte Zufriedenheit einer Frau für jede Tonart. Wir kommen ganz gut klar. Auch ohne Ratgeber, danke. Und manchmal auch ohne die quälerische Sucht nach Qualität. Wer will schon die perfekte Aufziehpuppe sein, die gleich nach dem Aufstehen funktioniert wie geschmiert: Zähne putzt, während das Kaffeewasser kocht, Zeitung liest, während die erste Fuhre Wäsche läuft, 10 Minuten Duschen, 15 Minuten Schminken, 20 Minuten Zeitunglesen? Weg damit. Dann ist Verweigerung angesagt. Hilde stellt sich den Wecker eine Stunde früher und liest einen Krimi, statt sich in die Zeitung zu vertiefen. Hüpft nur kurz aus dem Bett, um Kaffee zu holen, und versinkt sofort wieder in die Chicagoer Unterwelt der V. I. Warshawski, kriecht zu spät aus den Federn und erscheint nur notdürftig geschminkt zur Arbeit. Manchmal wollen wir hören, wie es knirscht.

Die großen Fluchten finden im Kopf statt. Die kleinen gönnen wir uns im Alltag. Ich sage nur E-mailen. Wenn du sauer bist und sogar deine Mail vom Server nicht weitergeleitet wird, weil sowieso alles schiefgeht heute, und du denkst: Keiner kann mich leiden. Dann versöhnt dich nichts mehr mit der Welt als eine tröstliche Nachricht: «Der Server kann dich leiden, ich kann dich leiden, alle können dich leiden. Gott und die Welt haben dich lieb. Was willst du mehr?» fragt elektronisch mein Lieblingsmailman. Mehr! Und besonders hübsch ist die Einladung in den Zirkus, der zu «Abenteuern unter Wasser» bittet und mit einem Flußpferd namens Elsbeth lockt. Da mag das Telefon noch so penetrant klingeln und die Kollegen hektisch im Büro rumrennen, da wartest du süchtig auf das erlösende Bing und die Fortsetzung der Geschichte. Da!

«Elsbeth geht heute planschen. Gehst du mit?» fragt der Lieblingsmailman. Und ich bin so begeistert, daß ich zu dichten anfange.

«Mit Elsbeth in den Wellen
so herrlich zu schnellen
wie die Seehunde,
das find ich pfunde.»

Reime inspirieren. Prompt dichtet es zurück:

«Wer mit Elsbeth baden tut,
der braucht Möhrchen und auch Mut.
Denn ein Flußpferd nutzt das Becken

zu ganz unverschämten Zwecken.
In die schönen, klaren Fluten
mistet es mit lautem Tuten.
Mancher Schwimmer ist pikiert.
Andere sind amüsiert.»

Klar, daß du dann nach mehr gierst. Und so frage ich nach zwei Stunden Pause: «Was macht eigentlich Elsbeth?»

Die Antwort ist einsilbig:

«Mmpf, mmmmpf, mmpf, urrks, mmpf, mmpf mmmmpf, uaarrrg, pschchh, pschschch, mmmpf, mmmmpf, urrks.»

Manchmal muß das sein. Und wenn ich mal wieder dieser kleinen Flucht fröne und sehe, wie die anderen Kollegen so konzentriert in die Tasten hacken, beschleicht mich der Verdacht, daß sie alle ihren Freundinnen kleine Liebesbriefe dichten oder Bewerbungen schreiben oder Zirkuseinladungen bekommen. Dann glaub ich, keiner arbeitet und alle mailen lustig vor sich hin. Ist das nicht wunderbar? Ich liebe meinen Beruf.

Bin
Über Frisuren,
ich
Diäten und
schön?
die Claudia-Schiffer-Frage

Es riecht nach Schönheit, einer Mischung aus Grapefruit und Chanel No. 5, das Licht ist so gedämpft wie das Gemurmel hinter dem Vorhang daneben. Nun bin ich doch auf der Couch gelandet. Auf einer dieser frotteebespannten Pritschen im Kosmetiksalon, wo Schönheit käuflich ist. Schuld war die Neugierde. Und Hilde. Aber vor allem dieser verdammte Hut.

Kurz entschlossen hatte ich ihn erstanden, diesen Samthut mit der tief ins Gesicht gezogenen Krempe, ohne lästige Anprobe, als heftige Schneeschauer weitere Weihnachtseinkäufe unmöglich machten. Ganz ohne Eitelkeit, so dachte ich, ein funktionales Kleidungsstück, das mich davor schützen sollte, wie eine nasse Katze durch die Straßen zu huschen, eine Kopfbedeckung eben. Doch als ich daheim in den Spiegel blickte, überfiel mich tiefe Verzweiflung.

Gut, ich hatte nicht erwartet, wie Ingrid Bergman auszusehen. So elegant, so geheimnisvoll-vieldeutig, das halbe Gesicht versteckt unter diesem Hut mit der schräg heruntergezogenen Krempe, damit man ihre Trauer nicht sieht, dort auf dem Flughafen in Casablanca, als sich herausstellt: Rick bleibt in seinem Café. Und auch nicht wie Jackie Onassis, als sie noch Kennedy hieß und neckische kleine Kunstwerke auf dem Kopf trug. Leider aber hatte die Frau, die ich da im Spiegel sah, so gar nichts von diesem Hut-Flair. Ein Glück, daß in diesem Moment das Telefon klingelte. Hilde.

«Ich hab mir gerade einen Hut gekauft», stöhne ich.

«Na und?» meint Hilde verständnislos. «Es gibt Schlimmeres.»

«Aber nicht alle sehen dann aus wie Heide Simonis.»

«Wer hat mir denn immer erzählt, daß die Kanzlerin werden soll?»

«Das ist unfair und hebt meine Laune keinen Zentimeter.»

«Dann geh zur Kosmetikerin.»

So bin ich hier gelandet. Zum ersten Mal in meinem Leben. Nicht immer wollen wir die Kompetenz von Kanzlerkandidatinnen ausstrahlen. Es mußte Schönheit in mein Leben.

Natürlich bin ich aufgeregt. Man ist immer aufgeregt beim ersten Mal. Zumal diese vielen Fläschchen und Tuben dich richtig einschüchtern, wenn du daheim nicht viel mehr als die gute, alte Nivea-Creme stehen hast. Hier bin ich mit einer Autorität in Sachen Schönheit konfrontiert – werde ich bestehen?

Es ist so eine Sache mit der Schönheit. «Bin ich schön?» fragen wir uns nicht erst seit Doris Dörries Film immer wieder bange. Vor allem, wenn wir diese Bad-face-Tage haben, die jede Frau kennt. Wenn der Pickel erwartungsvoll unter der Haut klopft, erpicht, das Licht der Welt zu erblicken, was du um jeden Preis verhindern willst, weil du genau heute ein Vorstellungsgespräch hast oder ein Date. Es gibt nie einen richtigen Zeitpunkt für Pickel. Oder wenn die Augen mal wieder zu kleinen Schlitzen mutiert sind, weil du sie gestern beim Flirten und Trinken mit dem netten neuen Nachbarn so strapaziert hast. Wenn dich alle, aber auch alle fragen: «Wie siehst du denn aus?», dann ist Bad-face-Tag. Und alles Wissen darum, daß ein glattes Gesicht nicht alles ist, wird blanke Theorie. An diesen Tagen willst du nicht mit intellektuellen Spitzfindigkeiten abgespeist werden von wegen inneren Werten und so. Dann willst du ganz simple Wahrheiten hören wie: «Gut siehst du aus.» Und genau das sagt garantiert kein Mensch zu dir.

Die Schönmacherin blättert in ihrem imposanten Terminkalender. «Bei Ihnen machen wir die klassische kosmetische Behandlung und Schminken, ja?» und läßt einen ersten forschenden Blick über mein Gesicht schweifen. Im Tempel der Schönheit ist die Kosmetikerin die Hohepriesterin. Sie weiß um ihre Macht. Da steht eine resolute Frau, die in ihrer Arbeitskleidung die geballte Autorität aller Weißkittel verströmt. Das Selbstbewußtsein 16jähriger Berufserfahrung ist bis in die äußersten Wimpernspitzen getuscht, jedes einzelne Haar in ihrem Gesicht sprießt genau da, wo es

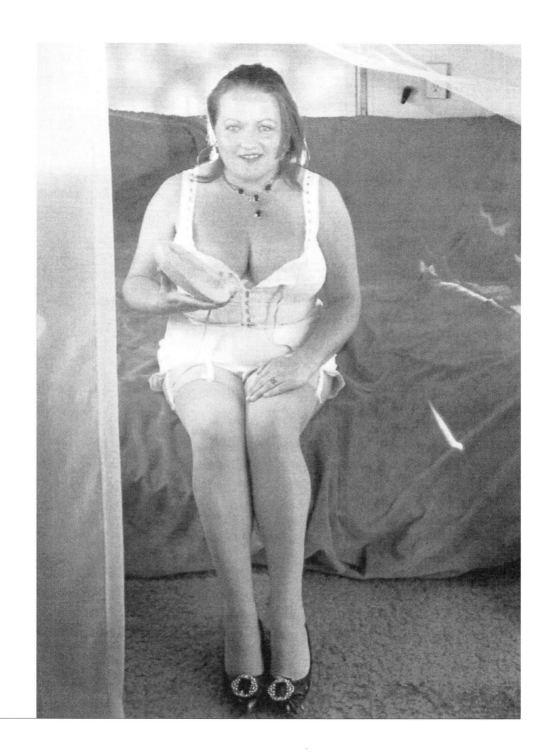

Was ist schön?

soll. «Sicher», antwortet sie auf die Frage, ob Schönheit machbar sei, «ich richte Sie wieder her», und kippt die Pritsche samt ihrer Last entschlossen nach hinten.

Hilfe, was tu ich hier eigentlich? Gut, wir sind nicht mehr so dogmatisch wie zu den Glanzzeiten der Frauenbewegung, als darüber diskutiert wurde, ob gezupfte Augenbrauen ein Einknicken vor dem Patriarchat bedeuteten und ein Besuch bei der Kosmetikerin dich zur Renegatin machte. Geschenkt. Auch Jane Fonda, die in ihren jungen und wilden Jahren noch forderte: «Frauen, steht zu euren Falten», damals, als sie selbst noch keine hatte, hat den Parka des Protests längst gegen einen hautengen Aerobic-Suit getauscht und turnt der amerikanischen Nation überzeugend ihren Sinneswandel vor. So viel Schönheit war nie, die Welt hat sich in einen Beauty-free-Shop verwandelt. Die Botschaft ist klar: Im Land der unbegrenzten Schönheitsmöglichkeiten ist jede für ihr Aussehen selbst verantwortlich, wie Pamela Anderson für ihren Busen. Es gibt Wachs gegen Haare, wo sie nicht sein sollen, Pflaster gegen Pickel, Salben gegen Falten und Chirurgen, die dir mehr hinmachen, wenn du mehr willst, und das wegschneiden, was du über hast. Kommt bei mir nicht in Frage, ich habe Angst vor Blut.

Alles scheint machbar. «Es gibt keine häßlichen Frauen, nur faule», verkündete Helena Rubinstein und begründete ein weltumspannendes Kosmetikimperium. Ganz nebenbei schnitt sie uns so einen Fluchtweg ab, eine bequeme Ausrede, die da heißt: Natur. Damit kommt keine mehr durch, wenn die stumpfe Haut mal wieder von einer kurzen Nacht zeugt oder die Haare gerade mausgrau und besonders traurig rumhängen. Wozu gibt es Grundierungen, Puder und Make-up? Wozu Haarspülung, Haarshampoo, Haartönung? Nie war mehr Zwang. Schönheit ist ein demokratisiertes Gut, das es für fast jeden Geldbeutel gibt. Dabei wissen wir noch nicht mal genau, was eigentlich schön ist.

Wer jetzt Claudia Schiffer schreit, muß zurück auf Los. Sie ist nun wirklich nicht die letzte irdische Instanz in Sachen Schönheit: zu blond, zu glatt, zu perfekt. Da gleitet der Blick ab wie an den Plattenbaufassaden von Ex-Karl-Marx-Stadt. Schönheit braucht dieses gewisse Etwas, den etwas schiefen Mund, die ein bißchen zu lange Nase, das klitzekleine Eckchen Zahn, das dir zum strahlenden Blendax-Lächeln fehlt. Den kleinen Makel eben, an dem der Blick hängenbleibt wie an den fulminanten, zusammengewachsenen Augenbrauen einer Frida Kahlo etwa, die mit ihrer ungewöhnlichen Schönheit nicht nur den Maler Diego Rivera in ihren Bann zog. Was hat dagegen Claudia Schiffer? Einen Magier zum Dauerverlobten. Das kann es doch wirklich nicht sein.

«Schönheit kommt von innen.» – Diese Weisheit unserer Mütter ist genauso verlogen wie der schwärmerische Satz, den Johnny Depp alias «Don Juan de Marco» dem alten Marlon Brando ins Ohr flüstert: «Ihre Schönheit war nicht Form und Gestalt, sondern leuchtete von innen wie ein Stern.» Pah! Da mußte man sich nur seine Opfer ansehen, allesamt Frauen, die direkt der «Vogue» entstiegen schienen, stilsicher gekleidet und raffiniert geschminkt, um so natürlich zu wirken. In diesem Film waren selbst die Krankenschwestern in der Psychiatrie makellose Schönheiten. Da hilft uns auch der kluge Roger Willemsen nicht weiter. Auch er konnte in der Talkrunde mit Models, Schönheitschirurgen, Stammesfürsten aus der Mongolei und Kunstprofessoren aus Kairo die selbstgestellte Frage nicht beantworten: «Was ist schön?» «Schönheit hat mit Ganzheit zu tun», sagt der Stammesfürst. Geschenkt. «Schönheit liegt im Auge des Betrachters», zitiert der Moderator. Wir waren auch schon mal verliebt. «Schön ist immer das, was die anderen haben», bemerkt der vielbeschäftigte Schönheitschirurg. Banal. «Schönheit ist, was gefällt», sagt der Kunstprofessor und denkt laut an Gemälde, Musik und den Sternenhimmel. Zu abstrakt.

Im wirklichen Leben sieht das alles anders aus. Da pendeln wir irgendwo zwischen Claudia Schiffer und inneren Werten und sind in unserer Halt- und Orientierungslosigkeit leichte Beute für die Wahrheiten der Hochglanzbroschüren. Unsere Bilder haben wir genau im Kopf. Keine Frau, die ich kenne, findet sich wirklich schön. «Meine Schenkel sind zu dick», klagt Hilde, die als passionierte Leichtathletin nicht nur schlank und groß ist, sondern auch kräftige Muskeln hat. «Mein Knie ist zu spitz», erklärt Anette auf die Frage nach ihrer körperlichen Schwachstelle, wie aus der Pistole geschossen, und gesteht, daß sie sich deshalb kaum traut, den

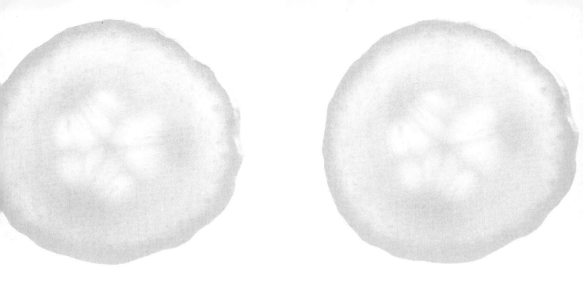

kurzen schwarzen Rock anzuziehen, den sie sich kürzlich für die neue Tournee gekauft hat. «Mein Bauch wölbt sich nach außen», klagt die Wohngenossin, die weit davon entfernt ist, Größe XXL zu tragen. Und die Kolleginnen jammern wechselweise über zu schmale Oberlippen, zu dicke Kniekehlen und zu kleine Augen. Hab ich schon gesagt, daß ich meine Waden zu stramm und meine Beine überhaupt zu kompakt finde? Das einzige, was mich tröstet, ist, daß sich selbst Julia Roberts im Zweifelsfall doubeln läßt. Das Bein, das in «Pretty Woman» so verführerisch aus Bergen von Schaum aus der Hotelbadewanne von Richard Gere herauslugt, ist nicht ihres. Ich bräuchte permanent ein Bein-Double, vor allem, wenn ich Röcke anziehe. Ich trage deshalb Hosen.

Mit diesen Bildern im Kopf sind wir allein. Nichts nützt es dir, wenn die Freundin dir sagt, daß sich die Beine sehen lassen können. Auch das Wissen um die Vergänglichkeit von Schönheitsidealen bringt dich nicht weiter. Klar, Maike würde sich nicht in Korsagen zwängen und mittels eines Fischbeingerüsts ihre Taille gen Null schnüren wie Elisabeth I. im 16. Jahrhundert. Die Zeiten sind vorbei. Aber in der quellenden Fleischespracht der drei Grazien von Peter Paul Rubens finden wir uns auch nicht wieder. Wir wollen nicht jeden Schönheitstrend mitmachen, von der üppigen Monroe zur magersüchtigen Kate Moss. Aber auch Verweigerung macht uns nicht glücklich. Was tun?

Zuerst mal in den Kosmetiksalon. Wenigstens einmal ausprobieren, ob es stimmt, was Hilde so vorschwärmt von der wohltuenden therapeutischen Wirkung von Cremes und Salben. «Das ist entspannender als jede

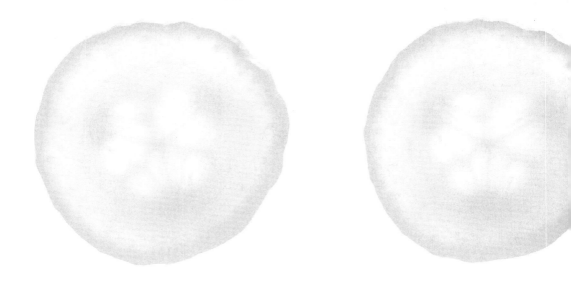

Yogastunde», behauptet sie. «Außerdem bildest du dir danach ein, so schön zu sein wie Marlene Dietrich und Isabella Rossellini zusammen. Schönheit beginnt im Kopf.» Aha.

Die Schönmacherin beleuchtet mit einer grellen Lampe gnadenlos die Folgen langjähriger kosmetischer Verwahrlosung: trockene Haut («Sie brauchen eine Feuchtigkeitsmaske»), geplatzte Äderchen («Duschen Sie nach der Sauna sofort kalt ab? Ein Kardinalfehler») und Schlupflider, die die Augen noch kleiner machen. «Stört Sie der Oberlippenbart nicht?» fragt sie dann noch professionell-ungerührt, und ich fühle mich wie ein alter Wischlappen. Hilde, du hast etwas von Isabella Rossellini erzählt. Lügnerin.

Ich wünsche mir den Beistand von Anette. Anette, erzähl der Schönmacherin vom ewigen Kampf gegen die Natur. «Als Frau fühlst du dich wie ein Bauer», klagte Anette, als sie neulich fluchend vor dem Spiegel stand. Eigentlich wollten wir ins Kino gehen, uns amüsieren. Aber es gibt Tage, da willst du dich der Welt nicht zeigen, ein Bad-face-Tag eben, Sie wissen schon. Dieser Tag gehörte entschieden dazu. «Ein gottverdammter Bauer», maulte die Freundin wieder und erklärte ihr Leid: Da trotzt du der Natur mühsam Terrain ab, rodest behaarte Beine, Arme, Achselhöhlen, zupfst Augenbrauen. Du wässerst die Haut mit Feuchtigkeitscreme, düngst und tönst die Haare, du drückst Pickel aus wie Unkraut, feilst Nägel und rubbelst die Hornhaut an den Füßen weg, du trainierst deine Bauchmuskeln und massierst deine Cellulitis. Und wenn du dich nur mal kurz zurücklehnst, nichts tust, dann hat sich die Natur alles wieder zurückerobert. Schönheit ist ein mühsames Geschäft. Und so sinnlos wie Spülen. Warum machen wir's bloß?

Ja, warum? Eine gute Frage, pflegen Politiker zu antworten, wenn sie keine Antwort wissen. Ich weiß im Grunde auch keine. Allenfalls eine Annäherung. Es gibt nämlich Tage, da bist du schön. Dann taucht Hilde auf einer Party auf, und jeder weiß, daß sie da ist. Das liegt nicht nur an ihrem Gelächter, das bis in die letzte Ecke des Raumes perlt. Auch nicht nur an ihrem Blondschopf, der mit ihren blauen Augen um die Wette strahlt, oder an dem kleinen Schwarzen, das an diesem Abend fast jede trägt, aber keine so wie sie. Heute sind die dicken Schenkel eine Randnotiz der Schönheitsgeschichte. Heute ist sie schön, und das weiß sie. Und alle anderen auch.

Es kann aber auch in der Kneipe passieren. Nach einem Spaziergang durch die Weinreben im Elsaß fallen Anette und ich hungrig und verdreckt in eine Winzergaststätte ein, weil wir uns so fühlen wie der Kastanienbaum, unter dem wir Platz nehmen: schnörkellos, bodenständig, sicher. Ich habe Superfotos von Anette in einem roten Mohnfeld gemacht, die jeden Hamilton weich werden lassen, Anette hat mich mit den Grimassen erheitert, zu denen sie ihr Gummigesicht verziehen kann wie keine andere, und wir haben in den zwei Stunden mehr gelacht als Maggie Thatcher in ihrem ganzen Leben. Und prompt füllt sich unser Tisch unterm Kastanienbaum mit Menschen, die sich von zerlaufener Mascara, strenger Ausdünstung und dreckigen Jeans offensichtlich angezogen fühlen. Sind wir schön? Na klar.

Ja, es gibt auch Tage, da ist Schönheit eine Lust. Dann fühlst du dich fast so schön wie Isabella Rossellini. Ich habe fast gesagt. Ich bin ja nicht größenwahnsinnig. Aber wir brauchen auch Frauen, die wir schön finden. Maike schwärmt von Fanny Ardent, besonders in Truffauts «Auf Liebe und Tod». «Diese Backenknochen», sagt sie dann und streicht über ihre runden Wangen, die sich partout nicht nach innen wölben wollen, «und diese Beine. Weißt du noch diese Szene, in der sie im schwarzen Minirock an dem Kellerfenster vorbeiläuft?» Klar erinnere ich mich. So selbstbewußt,

Das kleine Eckchen Zahn, das ihr zum Blendax-Lächeln fehlt, macht ihre Schönheit einzigartig: Isabella Rossellini

so souverän, so sexy. Ach ja. Anette liebt nicht nur die Bilder von Frida Kahlo, die fast nur Selbstporträts malte und ihr Liebeselend und ihre Rückenschmerzen verarbeitete. Diese Frau mit ihrem schwarzen Haar, das sie so kunstvoll um ihren Kopf legte, mit diesem stolzen Blick, der sich auch durch ihre lebenslangen Schmerzen, Folgen eines Unfalls, nicht beugen ließ. Und diesen eigenwilligen Kleidern, die an die Gewänder der Indianer erinnern. So kühn, so individuell, so klar.

Und bei mir ist es Isabella Rossellini. Schön ist sie sowieso. Du kommst nicht weltweit auf das Cover von 300 Magazinen, wenn du häßlich bist. Aber wer ihr Buch «Some of me» gelesen hat, merkt, daß sie außerdem klug ist, witzig und Charme hat. Ihre Definition von Stil will ich Ihnen nicht vorenthalten: «Perfektion (ist) als Norm zu betrachten und Unvollkommenheit als das Individuelle, Einzigartige, Unverwechselbare. Stil als Definition des ‹Du› – des ‹Du› in only you – wie Anna Magnanis berühmte Ringe unter den Augen oder die nicht ganz so berühmten schmutzigen Fingernägel von Audrey Hepburn.» Am meisten hab ich aber gelacht über ihr Geständnis zu lügen, weil «coloratura» der Wahrheit oft viel näher kommt als die Wirklichkeit. Und über die gemeinsamen Putzorgien mit ihrer Mutter Ingrid Bergman. «Mutters zweitliebste Beschäftigung nach dem Spielen war das Putzen, was nicht heißen soll, daß ihr das Putzen lieber war als ich. Ich bin sicher, ich lag ihr mehr am Herzen als der Hausputz, aber am glücklichsten war sie, wenn sie beides kombinieren konnte. Also putzten wir gemeinsam.» Genug geschwärmt, genug gelacht.

Schönheit ist ein ernstes Thema. Im Zeitalter von «Pretty Woman» kann sich keine erfolgreiche Frau Häßlichkeit leisten. Gut, nicht überall geht's so darwinistisch zu wie im Fernsehen. «Ein Pickel ist eine Katastrophe», klagt die Kollegin, die täglich als Moderatorin vor der Kamera steht, «drei schon fast ein Grund zur fristlosen Kündigung.» Wir können noch so kluge Analysen liefern, intelligent und kenntnisreich argumentieren – vor die Kamera dürfen weiblicherseits die Susan Stahnkes und männlicherseits die Erich Böhmes. Frauen, die nicht dem Schönheitsideal entsprechen, wie Hella von Sinnen oder Helga Feddersen, werden ins komische Fach abgedrängt. Das mag ungerecht erscheinen, aber so ist das nun mal.

Klar gibt es die berühmten Ausnahmen, bei denen mangelnde Schönheit der Karriere nicht abträglich war. Maggie Thatcher wurde britische Premierministerin, obwohl ihre Zähne dringend einer Regulierung bedurft hätten. Madeleine Albright ist amerikanische Außenministerin, obwohl sie schwerlich in Größe 36 paßt. Und Birgit Breuel hat das Management der Expo 2000 nicht bei den Wahlen zur Miß Hannover gewonnen. Aber weniger weit oben, dort, wo wir unseren Lebensunterhalt verdienen, können wir es uns kaum leisten, unsere Haut ungeschminkt zu Markte zu tragen.

Obwohl wir es manchmal dennoch tun. Vor allem im Urlaub. Dort ist Erholung von Maske und Mascara angesagt. Hilde ist eigentlich ein Make-up-Junkie. Ohne Grundierung verläßt sie nicht das Haus, ohne Rouge fühlt sie sich bei der wichtigen Konferenz nackt, und wenn sie ihren Kirschmund mit diesem leichten Rot färbt, weiß sie, daß alle an ihren Lippen hängen. Für Hilde wäre es der Supergau, wenn ihr auf einer Geschäftsreise der Schminkkoffer geklaut würde. Schlimmer noch als der Koffer. «Kleider kannst du überall nachkaufen», sagt sie weltfrauisch, «die richtige Grundierung findest du garantiert nicht.»

Diese Sucht hindert sie jedoch nicht daran, sich im Urlaub völlig gehenzulassen. In unserem schmucken Häuschen in Portugal läuft sie zwei Wochen lang mit einer superschlabbrigen, ausgeleierten und -gebleichten Hausjacke rum, deren Farbe (orange) nicht direkt mit den Leggings (rosa) harmoniert. Die Grundierung bleibt im Badezimmerschrank, und ihre blonden Haare würdigt sie keiner Pflege und keines Blickes, bis sie versträhnt und beleidigt herunterhängen. Selbst zum Ausgehen zieht sie sich nicht um, als ob sie es mal endlich allen zeigen wollte – ihr nacktes Gesicht, ihre legeren Lotterklamotten. Bis zum letzten Ferientag brauche ich, um mich daran zu gewöhnen. Nicht daß es gestört hätte. Wir haben genug zu diskutieren, zu tratschen, zu erzählen. Am letzten Tag greift Hilde in ihren Schminkkoffer und bringt ihr ganzes Waffenarsenal zum Einsatz. Der portugiesische Hausmeister, der sie fast zwei Wochen lang nicht bemerkt zu haben schien, hängt an ihren Lippen und weicht ihr auf die letzten Stunden nicht von der Seite. Sie erträgt es mit derselben Gelassenheit, mit der sie seiner Mißachtung begegnet war. In Sachen Schönheit hat Hilde den schwarzen Gürtel.

Die Schönmacherin verteilt mit erstaunlich sanften Streichelbewegungen eine Maske auf meinem Gesicht: Wangen, Stirn und Nase verschwinden unter Bergen von Vitamin E und C und ausgewählten Meeres-Extrakten. Es ist angenehm kühl und riecht verlockend frisch nach Grapefruit. Ich möchte das quarkähnliche Geschmiere am liebsten wegschlecken. Während die weiße Paste meine ausgetrocknete Haut bewässert, eilt die Schönmacherin zur Kundin nebenan. Ich falle in einen leichten Schönheitsschlaf.

Ich träume, daß Claudia Schiffer mit einem gezückten Messer Marianne Sägebrecht verfolgt, um sich ein Stück Leben abzuschneiden. «Ich will deinen Bauch», kreischt sie schrill, dabei kenne ich die Stimme von Claudia Schiffer gar nicht. Ich stelle sie mir eben so vor, hoch, flach und irgendwie körperlos. Und dann fällt mir ein, daß ich im Wartesaal der Schönmacherin eine Modezeitschrift gesehen habe, in der ein Model stolz einen kleinen Fettwulst über dem Gummi der Sporthose trägt. Sind die Zeiten der magersüchtigen Models vorbei? Braucht, wer auf sich hält, nun diesen klitzekleinen Wulst über der Hose? Können wir bieten. Wenn's sein muß, mehr als das.

Mein Gott, was habe ich an Diäten hinter mir. Kartoffel, Karotten, Eier. Trennkost, Schonkost, «Brigitte»-Diät. Am allerschönsten aber war die Fastenkur, bei der angeblich das Bewußtsein sich in dem Maße erweitert, wie der Magen schrumpft – weil er nur mit Gemüsebrühe, Säften und Wasser betrogen wird. Ich stellte allenfalls eine Erweiterung meines Geruchssinns fest: Ein Brot konnte ich auch in angeschimmeltem Zustand in jedem

> «Perfektion ist als Norm
> zu betrachten und
> Unvollkommenheit als das
> Individuelle, Einzigartige,
> Unverwechselbare.»
>
> Isabella Rossellini

Zimmer der Wohnung erschnüffeln wie ein Trüffelschwein. Was mir die Wohngenossin erst glaubte, als ich dreimal das Dreikornbrot, das sie versteckt hatte, zielsicher in verschiedenen Räumen aufgespürt hatte. Als sie ein Schnitzel anbriet, wurde ich fast ohnmächtig vom Sinnenflash und dem überbordenden Hungergefühl, das angeblich nach dem dritten Brühetag wie weggepustet sein soll. Leider mußte ich nach dem vierten Tag meinen Diätplan abändern, weil mir ein Geschäftsessen (ganz leichtes Putenschnitzel mit Reis) dazwischenkam, und am fünften abbrechen, weil mich Liebeskummer zu unmäßigem Genuß von Schokolade zwang. Der Plan hatte zwar Karottensaft und Pfefferminztee vorgesehen und drei Aufbautage mit Obst und Schonkost. Aber wie schon John Lennon sagte: «Life is what happens while you are making other plans.»

Die Wohngenossin weigert sich schon lange, sich in immer wiederkehrenden Abständen die Lebenslust wegzuhungern. Die Gespräche der Freundinnen, die genauso eindimensional werden wie die Kost, die wir zu uns nehmen, kommentiert sie lakonisch: «Intellektuelle Magersucht.» Maike hat es fertiggebracht, mit einer lustvollen Diät aus Granatsplittern abzunehmen, diesen schokoüberzogenen kleinen Bergen, in denen der Konditor seine Abfälle aus Bisquit und Schokocremes versteckt und mit einem Hauch Rum genießbar macht. Eine Kalorienbombe ohnegleichen. Vielleicht sollten wir den Plan mal an «Brigitte» verkaufen, Motto: Lustvoll abnehmen mit der Granatendiät. Ehrlich, es hat funktioniert, ich hab's gesehen. Nach einer mittelschweren Operation lag Maike im Krankenhaus, und von jedem Besuch wünschte sie sich einen Granatsplitter zum Aufpeppen der Krankenhauskost und wegen der Glückshormone in der Schokolade. Wir haben sie jeden Tag besucht, sie hatte überhaupt viel Besuch, und dennoch hatte sie am Ende der zwei Wochen genau drei Kilo abgenommen. Seitdem schwört sie darauf, das zu essen, was sie glücklich macht. Wer dauernd damit beschäftigt ist, endlich schlank und schön zu werden, ist garantiert unglücklich. Ganz abgesehen davon, daß wir keinen Kopf mehr haben für den Schlingerkurs des Lebens. Und schließlich finden sich auch Cher und Claudia Schiffer nicht schön. Wir sind also in guter Gesellschaft, wenn Pfunde und Pickel mal wieder zu sehr drücken.

Immer noch wird die arme Marianne Sägebrecht von der dürren Lagerfeld-Muse gejagt. Gerade als Sugar Baby in die Enge getrieben ist und sich Claudia Schiffer wie der Mörder in «Psycho» mit erhobenem Messer nähert, schrecke ich hoch. «Ganz ruhig», beschwichtigt die Schönmacherin, die mich mit warmen Tüchern wieder ins richtige Leben holt und die Reste der Maske verschwinden läßt. «Da ist kaum mehr was übrig, Ihre Haut ist gierig wie der Boden der Sahara.» Diese Nörgelei verzeihe ich ihr großzügig. Schließlich bin ich froh, daß sie Marianne Sägebrecht vor einem traurigen Ende bewahrt hat. Oder können Sie sich Marianne out of Rosenheim auf die Maße eines Models zurechtgeschnitzt vorstellen? Ich auch nicht. Nach «Sugar Baby» haben Hilde und ich unsere Eierdiät abgebrochen. Wer sieht, wie die Sägebrecht ihren U-Bahn-Fahrer mit deftigen Speisen lockt, wie lustvoll sich die zwei im Bett, in der Küche und auf der Tanzfläche bewegen oder wie sie ihn am Bahnsteig mit hohen Stilettos, hautengem Kleid und einem Schokoriegel becirct, der versteht, daß pralle Sinnlichkeit mehr ist als dürre Schönheit. Karotten hin, Mousse au chocolat her.

Mal ehrlich, wer will schon wie Meg Ryan aussehen, wie Hollywoods süßester erwachsener Lollypop?

Einmal war selbst Hilde fassungslos. «Er hat's nicht getan», tönt ihre Stimme aus dem Telefonhörer. «Hallo, Hilde», antworte ich. Ich hasse Überfälle am Telefon. Hilde stört das heute nicht. «Er hat's einfach nicht getan», wiederholt sie. «Wer hat was nicht getan?» «Dirk natürlich. Er hat sich geweigert, meine Haare zu schneiden.» Ich küsse Dirk unbekannterweise, obwohl er darauf sicher keinen Wert legt. Dirk ist nämlich schwul und Hildes Frisör. Ein verantwortungsvoller dazu, denn er hat sie vor dem selbstgewählten, aber dennoch traurigen Schicksal bewahrt, wie Meg Ryan auszusehen.

Mal ehrlich, wer will schon wie Meg Ryan aussehen, wie Hollywoods süßester erwachsener Lollypop? Erschreckend viele, leider. Nach jedem neuen Film des amerikanischen Blondchens rennen unzählige Frauen, junge und alte, blonde und braune, zum Coiffeur ihres Herzens und fordern mit einem Foto in der Hand: «Ich will so aussehen wie Meg Ryan.» Diese Frau muß einen Vertrag mit dem Weltverband der Frisöre haben. Warum sonst würde sie ihr Haar in jedem Film anders tragen und damit unzählige Frauen zu Nachahmungstäterinnen machen? Leider gehört Hilde zu diesen Fans. Auch Freundinnen wollen manchmal das Unmögliche. Etwa eine aufwendig und kunstvoll verstrubbelte Glatthaarfrisur, wenn sie den Kopf voll blonder Locken haben. «Dirk kriegt alles hin», hatte Hilde kurz vorher noch voller Zuversicht getönt. Mein Rat ist wegen erwiesener Ryan-Feindlichkeit nicht gefragt. Gut, auch ich finde ihre Orgasmus-Nummer in «Harry und Sally» genial. Aber ich wollte dennoch lieber ihren Eisbecher als ihre Frisur.

Wohl der, die einen Dirk hat, einen Frisör mit Stolz und Stil, keinen simplen Erfüllungsgehilfen verstrubbelter Vorstellungen. Pech für Hilde, daß sie an diesem Tag schon die dritte war, die den Haarkünstler mit Meg Ryan nervte. Als seine Argumente wie: «Du warst doch erst vor drei Wochen da» und: «Du siehst toll aus mit dieser Frisur» nichts halfen, kippte er sie entschlossen aus seinem Stuhl und forderte: «Hilde, geh heim und regle dein Leben.» «Das hat er wirklich gesagt?» frage ich voller Bewunderung. «Ja», kommt die kleinlaute Antwort. Vielleicht sollte ich doch den Frisör wechseln.

Die Schönmacherin läßt noch einen prüfenden Blick über mein Gesicht schweifen, richtet die Lampe auf Problemzonen an Nase und Kinn, prüft, ob sie nicht doch einen Mitesser vergessen hat. Sie klappt mich nach oben. Endlich kann ich was fragen. Die Kommunikation bei der Kosmetikerin ist ähnlich eingeschränkt wie beim Zahnarzt. Haben Sie schon mal versucht, den Mund aufzumachen, während ein Peeling-Gerät sanfte Kreise auf Ihrer armen, vernachlässigten Haut zieht? Ja, jaha, mehr. Aber jetzt, schnell. «Wie viele Männer kommen zu Ihnen?» frag ich, begierig zu hören, wie weit das andere Geschlecht schon auf dem Schönheitpfad vorangeschritten ist. Denn immer stärker sollen auch Männer diesen Zwang zur Schönheit empfinden, und das erfüllt mich mit einer gewissen Genugtuung. Ein Drittel ihrer Kunden seien Männer, sagt die Schönmacherin. Vor allem Männer in gehobenen Positionen, die bei der gestenreichen Präsentation eines Projekts vom Inhalt ihrer Ausführungen nicht durch affenartige Behaarung an den Händen ablenken lassen wollen: Wachs drauf, ratsch und autsch. Aber auch entspannende Masken, Faltencremes und Make-up sind den Herren nicht mehr fremd.

Ich lehne mich zurück und gestatte mir kleine Phantasien wahrer Gleichberechtigung. Die ersten kleinen Schritte sind getan, Männer bei der Kosmetikerin, brav. Männer in künstlerischen Berufen, die darunter leiden, daß sich ihr Haupthaar nur noch mühsam zu einem ganz kleinen mageren Zöpfchen bündeln läßt, dem Erkennungszeichen ihres Berufsstandes. Und nicht erst seit Joschka Fischer wissen modebewußte Männer um die Wirkung eines klassischen Cerruti-Anzugs und auch darum, daß ein Jackett bei 80 Kilo, verteilt auf 1 Meter 76, nicht mehr gar so klassisch fällt. Bei meinem träumerischen Ausflug in die Zukunft werden Männer genauso gnadenlos zensiert wie wir. Sie kaufen sich «Men's Health» und «Egon», «Jean-Pierre» und «Constantin», oder wie die Männermagazine dann auch alle heißen mögen. Sie informieren sich über die neuesten Salben und Pillen, die ihrem kleinen Freund auf die Sprünge helfen sollen, lesen Geschichten über andere impotente Männer und schneiden sich fieberhaft die Adressen von Selbsthilfegruppen aus. Sie lassen sich die neueste Toupet-Generation anpassen und die Problemzone Bierbauch absaugen oder versuchen, sie im Fitneßstudio zum Schmelzen zu bringen. Und während sie sich abstrampeln, sitzen wir im Fernsehsessel, beleibt, aber zufrieden, knabbern Pralinen und schauen ihnen bei ihren hoffnungslosen Bestrebungen zu, wie Leonardo DiCaprio auszusehen. Strengt euch an! Jünger! Schöner! Schlanker!

Inzwischen hat die Schönmacherin Lidschatten, Lippenstift und Wimperntusche bereitgelegt. «Sie brauchen eine Grundierung ohne Rosatöne», stellt sie fest und greift zur Tube. Dann läßt sie mit routinierten

Pinselstrichen («Lider hell, oben braun») die Schlupflider verschwinden, überdeckt geplatzte Äderchen und zaubert einen leuchtend orangenen Mund. «Sie müssen Ihre Lippen betonen», schärft sie mir zum Abschied ein, «das ist Ihre Mitte.» Das kann nicht ganz verkehrt sein, und das Ergebnis im Spiegel kann sich sehen lassen. «Sag doch, daß du dich schön findest», insistiert Maike. Ja, ich finde mich schön. Unglaublich, was ein Profi aus dir machen kann. Dabei sehe ich immer noch aus wie ich. Nur irgendwie besser. Ich verlasse den Salon der glitzernden Fläschchen und narkotisierenden Düfte mit erhobenem Kopf. Die Leute auf der Straße lächeln mir zu, grüßen freundlich. «Du siehst so frisch aus, Kind», sagt die Mutter, die zum lang angekündigten Kaffeebesuch gekommen ist. «Geht's dir gut?» Ja, ich gestehe. Es geht mir gut. Es geht mir verdammt gut. Experiment geglückt, schön für einen Tag.

«Wie war's?» fragt Hilde abends neugierig am Telefon.

«Schön», antworte ich. Wir kichern. Und weil Hilde sich davon selbst überzeugen will, kommt sie vorbei. «Mit diesem Gesicht kannst du unmöglich zu Hause bleiben», sagt sie noch an der Tür und schleppt mich («Das müssen wir feiern») zu einem königlichen Thai-Essen. Und während die neue Mitte unter dem Ansturm von scharfem Glasnudelsalat und Curryhuhn in Kokosmilch langsam verblaßt, diskutieren wir über die Widersprüche des Lebens, Schönheit im allgemeinen und über Sinn und Unsinn der neuen Pickelpflaster im besonderen. Manchmal ist das Leben einfach schön.

Das Geheimnis der Schöpfu der Hut eine

Über

Mode

und Stilfragen

«Finde heraus, was du gerne tust, dann tu's.»
Coco Chanel

g und

Frau

Manchmal wünsche ich mich in die Steinzeit zurück. Da genügte ein Fell, und du warst für jede Gelegenheit richtig angezogen. Denken Sie nur an Senta Berger, die in ihrem immergleichen kleinen Haarigen in der Klamaukkomödie «Als die Frauen Schwänze trugen» (ich kann nichts dazu, der Film heißt so) das Mammutschnitzel briet, Verhandlungen führte oder den Neandertaler ihres Herzens becircte. Ein Kleid für alle Tonarten – welch himmlische Erleichterung. Keine Zusammenbrüche vor einem überquellenden Kleiderschrank, keine Gefahr von Under-, Over- oder sonstigem Danebendressing, keine qualvollen Gedanken, ob du den Minirock in deinem Alter noch anziehen kannst. Ein Kleid, und der Tag war gelaufen. «Und das kleine Schwarze, das du im letzten Sommer in Italien gekauft hast, würdest du dem Säbelzahntiger zum Fraß vorwerfen?» fragt eine Stimme in mir. «Und den neuen Hosenanzug im Lagerfeuer verbrennen?» Ich habe diese Stimme Barbara genannt. Barbara ist mein modisches Alter ego, die besser angezogene Hälfte von mir, die leidenschaftlich gern in Modezeitschriften blättert und sich nach stressigen Wochen schon mal mit einem ausgiebigen Einkaufsbummel belohnt – auf meine Scheckkarte. Die sich gerne schmückt, verkleidet, spielt. In Sachen Chic bin ich Neandertaler und Lagerfeld in einem, eine multiple Persönlichkeit eben.

Wer modisch mit Jeans und Parka sozialisiert wurde, weiß, wovon ich spreche. Sicher, der Schimanski-Look ist längst mega-out und pure Zweckmäßigkeit eine Randnotiz der Modegeschichte. «Gott sei Dank», stöhnt Barbara, die sich nur ungern an die Uniformiertheit und den Geschmacksterror dieser Zeit erinnert. Heute regieren Jil Sander & Co., die mit ihren textilen Kreationen Begehrlichkeiten geweckt und Barbara auf den Plan gerufen haben. Seitdem ist mein modisches Leben bunter und vielfältig geworden – und schwieriger. Multipel eben. Lust und Frust.

Lieben Sie Ihren Kleiderschrank? Nicht immer? Damit sind Sie nicht allein. Vor unzähligen dieser Möbelstücke kommt es täglich zu mittleren Nervenzusammenbrüchen ansonsten lebenstüchtiger Frauen. Ich bin froh, wenn es mal nicht mich, sondern die Wohngenossin erwischt. An solchen Tagen brauche ich keinen Wecker. «Mist», höre ich dann Maike im Nachbarzimmer fluchen, «ich habe nichts anzuziehen.» Nicht daß ihr Schrank über Nacht von einer gefräßigen afrikanischen Killermotte leergenagt worden wäre. Er ist noch genauso gefüllt wie am Abend zuvor, als Maike laut über eine Erweiterung der Hängemöglichkeiten nachdachte. Es sammelt sich so einiges an in einem Frauenleben. Das Wetter ist beständig kühl, also fallen die Sommerkleider schon mal weg, und es stehen keine besonderen Termine an. Ein ganz normaler Arbeitstag, doch das Wehklagen nimmt kein Ende. Ich stehe auf.

Wütend starrt die Wohngenossin in den Schrank, ein mürrisch-knappes «Morgen» begrüßt mich. «Wie wär's mit dem Klassiker Jeans und schwarzer Pulli?» gähne ich. «Hab ich gestern angehabt.» «Dann vielleicht der Hosenanzug, den du zum Geburtstag deiner Mutter gekauft hast.» «Da hab ich keine passende Bluse. Und den Rock brauchst du erst gar nicht vorzuschlagen, den zieh ich nur zu Terminen an.» An solchen Tagen kann dir niemand helfen. Wenn dich die bunte Vielfalt deines Schrankes erschlägt, bist du verdammt allein. Und es bleibt dir höchstens der kleine Trost, daß es auch erfahrenen Moderedakteurinnen manchmal so geht, die treffliche Essays über die Pariser Laufstege geschrieben haben, die die Welt der Mode und des Konsums durchschauen und doch vor dem Besuch beim Schlachter sich minutenlang verzweifelt fragen: Ist das hochgeschlossene Schwarze zu elegant und der Rock beim blauen Kostüm vielleicht zu kurz?

Es sind diese düsteren Tschador-Tage, die dich zum Verzweifeln bringen. Welche Erleichterung, jetzt einfach das große Schwarze überzuwerfen und sich um das Darunter keine Gedanken machen zu müssen. Welch die-

«Sagt wenigstens gleich, daß ich ein Genie bin» – Coco Chanel im Kreis ihrer Models

bisches Vergnügen, versteckt unter dem wallenden Dunkel Schlabberpulli und bequeme Leggings oder auch den flotten Bikini zu tragen, etwa zum Schaulaufen in der Kantine oder zur hochsteifen Besprechung mit dem Geschäftsleiter. Anarchie under cover, sozusagen. Bei so viel modischer Vielfalt und buntem Markenallerlei hängt der Reduktion ein revolutionärer Hauch an. Weniger ist mehr, gegen modische Reizüberflutung hilft Sinnesberuhigung. Für Aufmerksamkeit hättest du jedenfalls gesorgt, vielleicht sogar für einen neuen Trend.

Genug gestöhnt. «Was sollen diese fundamentalistischen Forderungen», fragt Barbara irritiert, die sich schon lange einen Hosenanzug von Gabriele Strehle wünscht, den sie niemals drunter anziehen wollte, «wir haben doch auch unsere Lady-Di-Tage.» Ja, es gibt sie genauso, diese Tage, an denen mich die Lust am schönen Schein überwältigt wie der Tamponskandal die Royals. Wollten Sie als Kind am Fasching nicht auch immer als Prinzessin gehen? Ich schon. Manchmal als Schwester von Winnetou, klar. Aber meistens als Prinzessin mit Glitzer und Glimmer und Rüschen. An den Lady-Di-Tagen kommt meine modekundige Freundin Hilde zwei Stunden vor der Party vorbei, eine Tasche voller Klamotten, wir plündern meinen Schrank und den der Wohngenossin, probieren, verwerfen, kombinieren und rennen kichernd zwischen Spiegel und Sektglas hin und her. Auf dem Bett bleibt ein Kleiderchaos zurück, während wir uns chic und charmant ins Partygewimmel stürzen: Voilà, Gloria Glamour und Vanessa Vamp geben sich die Ehre. Wir sind die strahlenden Königinnen der Nacht. Die Männer bekommen feuchte Augen, und die Frauen werden blaß. So soll es sein. Dann freuen wir uns, daß der Tschador in unserem Kulturkreis nicht in Frage kommt und daß der Pelz nicht mehr auf der bloßen Haut, sondern als schmeichelnder Kragen getragen wird. Achtung, Tierschützer: natürlich nur als Webpelz.

Überflüssig zu erwähnen, daß sich Hilde und mein modisches Alter ego Barbara bestens verstehen. Hilde hat eine Schwäche für Kleider, was ihren Geldbeutel manchmal überfordert. Wenn sie die Stadt wechselt, hat sie ihre Lieblingsboutique schon gefunden, bevor die Bücherkisten ausgepackt sind. Keine dieser supergestylten Verkäuferinnen würde es wagen, sie verächtlich von oben bis unten zu mustern, nur weil sie den roten Overall kaufen will, der letztes Jahr schon out war. Keine würde sich trauen, ihr statt dessen das enge Kleid aufzuschwatzen, das unter den Armen zwickt und dich dazu zwingt, immer aufrecht zu stehen. Eigentlich hatte ich mich

> «Eine Frau sollte keine Gliederpuppe sein, was dann der Fall ist, wenn sie der Mode allzu sklavisch folgt.»
>
> Coco Chanel

nur aus der Kabine gewagt, weil drinnen kein Spiegel hing. Doch die Verkäuferin hatte mich sofort entdeckt, entzückte Schreie ausgestoßen, wo ich doch offenkundig in dem roten Schlauch wie eine Wurst aussah. «Das steht Ihnen ausgezeichnet», schrie sie, bis jeder im Laden mich interessiert musterte. Es war mir so peinlich, daß ich das zwickende Teil schnell gekauft und daheim in der hintersten Ecke meines Schrankes versteckt habe. Textile Verirrungen sind wie Röteln. Man sollte sie gehabt haben. Doch seitdem besteht Barbara darauf, daß ich mit Hilde einkaufen gehe.

Mit Hilde ist ein Einkaufsbummel das reine Vergnügen. «Darin siehst du aus wie ein Kartoffelsack», kommentiert sie nüchtern, als ich mit dem locker fallenden Stück aus der Kabine komme und vor ihren kritischen Augen auf und ab laufe. Freundschaft lebt von Ehrlichkeit. Hilde ist immer gut angezogen. Gut, sie hat einen leichten Hang zu Glitzer, aber an ihr sieht das schwarze T-Shirt mit den Straßsteinen um den Ausschnitt nicht billig aus. Genausowenig der scharfe Leopardenbody, den sie ebenso gekonnt wie gewagt mit dem strengen Hosenanzug kombiniert. Hilde hält es mit Oscar Wilde: «Nur oberflächliche Menschen kümmern sich nicht um den äußeren Anschein.»

Der englische Dandy sollte sie mal an ihren grauen Tagen sehen. Dann wirft sich die Gute einen grauen Pulli über, der sämtliche Formen überdeckt, und packt ihre blonden Locken zu einem Dutt zusammen. «Wie siehst du denn aus?» frage ich entsetzt. «Wie ich mich fühle», kommt es zurück. Wenn wir uns mausgrau fühlen, gibt es genau zwei Möglichkeiten: Trotz oder gelassene Akzeptanz. Die Trotzer ziehen kanariengelbe Jeans an, die anderen gehen in Sack und Asche. Es gibt sie eben – die Tiefer-Ausschnitt-Tage, wenn die Frühlingssonne deine Lebensgeister weckt, die

Weite-Pullis-Tage, wenn du dich verstecken willst, und natürlich die Jeans-Tage.

«Mode ist ein Spiel», belehrt mich Hilde, und Barbara nickt heftig. Na also. Bitte entspannen. «Wähl einfach aus, was dir gefällt», ermuntert mich Hilde. Sie hat gut reden.

Leider ist es nur für wenige Auserwählte so leicht. Es gibt unzählige Fallen, in die du stolpern kannst. Overdressed ist, wer zum morgendlichen Neujahrsempfang des Bürgermeisters in diesem grandiosen roten Abendkleid aus dem Kostümverleih rauscht. Das farbliche Harmoniestreben seiner Mitmenschen verletzt, wer mutwillig rote Hosen mit orangener Bluse kombiniert, ohne einer einschlägigen Religionsgemeinschaft anzugehören. Und wer in ausgelatschten Turnschuhen und labbrigem T-Shirt zur Arbeit eilt, braucht sich nicht zu wundern, wenn der Oberboß im Aufzug verwundert fragt: «Ist bei Ihnen in der Abteilung heute Wandertag?» Es gibt die Jugendlichkeits- und die Biederkeitsfalle, die Langweiler- und die Exotenfalle. Von wegen tragen, was dir gefällt!

Du kannst so viel falsch machen, und du kannst dir sicher sein, daß die Geschlechtsgenossinnen sofort ihr Wertungstäfelchen heben wie gestrenge Richterinnen im Eiskunstlauf. Schlechte Stilnote: allenfalls einer von 10 möglichen Punkten. Langweilige Kür: gerade mal 1,5 von 10 Punkten. «Gräßlich, dieser Hausfrauenchic», lästert Hilde über die Fernsehmoderatorin, die mit rotem Jackett, weißer Bluse und blauem Halstuch recht bunt daherkommt. Die Arroganz der Stilsicheren. «Vielleicht sind gerade französische Wochen», versuche ich das gnadenlose Urteil zu mildern. Niemand mustert dein Äußeres so unerbittlich wie eine andere Frau. Und mal ehrlich: Was ist amüsanter, als im Straßencafé oder in der Kantine zu sitzen und die Vorbeiflanierenden in Modeschubladen zu stecken? Landpomeranze, Motorradbraut, Designerhörigkeit. Leider sitzen wir nicht immer.

Für den Kampf auf dem täglichen Laufsteg wollen uns unzählige Bücher fit machen. «Wenn Sie wollen, daß man Ihnen zuhört und nicht auf Ihre Beine starrt, ziehen Sie Hosen an», rät uns der Image Guide für die erfolgreiche Geschäftsfrau eindringlich. Wir sollen an den Accessoires nicht sparen («Tragen Sie eine goldene Uhr»), uns zwischen warmem Herbst- und hellem Sommertyp entscheiden und den Ecken unserer Figur mit locker fallendem Schnitt die Kanten nehmen. Rollentausch führt zu Sakkorausch. Und dann die Tips für Kleider, die zur Seele passen sollen. Alles wird gut, wenn wir den Kleiderschrank verschlanken, Ballast abwerfen und die Klamotten, die wir in den letzten acht Monaten nicht anhatten, erbarmungslos dem Kleidersack überantworten. Übersichtlichkeit ist Trumpf, und die wenigen übriggebliebenen Bügel werden wie in der Boutique angeordnet: So hängt die Bluse immer beim passenden Rock, das Ensemble ist morgens mit einem Handgriff bereit, und mangels Masse kommt es nicht mehr so oft zum Fehlgriff. Voilà, kein Nervenflattern, keine Zeitverschwendung, immer gut angezogen.

«Ich hab keine Bluse», mault die Wohngenossin, die das Prinzip nicht verstehen will. Trotzdem füllen wir zusammen den Fragebogen aus, der wissen will: «Haben Sie Angst, zu reich auszusehen?» Nö. «Haben Sie Angst, zu sexy auszusehen?» Kommt auf die Situation an. «Haben Sie Angst, sich zuviel Mühe zu geben?» Auf jeden Fall. «Sie hat sich redlich bemüht» – ist nicht nur im Zeugnis des Arbeitgebers ein vernichtendes Urteil. «Um sich selbst zu gefallen, müssen Sie Ihre Ängste kennen und sie überwinden.» Nicht mit uns. Der Schrank bleibt voll.

Lassen Sie uns also über Stil reden. In Sachen Stil bin ich mir mit Barbara fast immer einig. Stil bedeutet Plündern in alle (Mode-)Richtungen, herauspicken, was mir gefällt, und verschmähen, was ich dämlich finde: Plateauschuhe etwa, weil man sich da die Beine bricht, Hüfthosen, weil du darin wie ein Trampel aussiehst, oder grüne Haare, weil Wasserleichen nicht dein Geschmack sind. Dazu muß man nicht so weit gehen wie Lester Bangs, der kategorisch behauptete: «Stil ist Originalität, Mode ist Faschismus. Beides ist unvereinbar.» Lester Bangs ist schließlich Schriftsteller, und die müssen leicht verrückt sein.

Jedenfalls ist Stil nicht dem schnellen Wechsel der Mode unterworfen. Stil hat Isabella Rossellini, die gern im Nadelstreifenanzug herumspaziert und so ihre umwerfende Weiblichkeit unterstreicht. Auch wenn sie es partout nicht leiden kann, als sexy bezeichnet zu werden. «Was will einer, der

«Die Menschen sollten sich anstrengen, weniger dumm zu sein. Das kleidet sie am besten.»

Vivienne Westwood

mich sexy nennt», fragte sie in einem Interview, «mir sagen, daß er mit mir ficken will? Ist das ein Kompliment?» «Recht hat sie», meint Anette, die sich erst kürzlich eine affenscharfe, schwarzglänzende Lacklederjacke gekauft hat. Eigentlich liebt Anette eher den zurückhaltenden Chic, aber manchmal brauchen wir modische Ausreißer. So wie Maike dieses Schnäppchen vom Flohmarkt, dieses changierende halblange Etwas, das Hilde als Pennermantel bezeichnet. Und ich dieses verruchte schwarze Kleidchen, das mir in Italien über den Weg lief.

Stil hat die Schriftstellerin Gertrude Stein, die in den modisch-glamourösen zwanziger Jahren unbeirrt ihrem eher derben Outfit aus Bergsteigerstiefeln und Bauernrock treu blieb, ebenso wie die amerikanische Journalistin und Autorin Djuna Barnes, die den androgynen Männeranzug manchmal mit einem schmalen Kleid tauschte. Stil hat mit Klugheit zu tun, oder wie die Modeschöpferin Vivienne Westwood formuliert: «Die Menschen sollten sich mehr anstrengen, weniger dumm zu sein. Das kleidet sie am besten.» Dafür verzeihen wir der Ex-Punk-Lady auch, daß sie heute schon mal wie Maggie Thatcher daherkommt. «Vergiß Lauren Bacall nicht», fordert die Wohngenossin, zu deren Phantasien ein Kostüm gehört, wie es die Bacall in «To Have or Have Not» trägt: lang, schmal und eng anliegend wie eine zweite Haut. Stil ist die Sicherheit, genau zu wissen, was einem gefällt.

Und was man will. Wie etwa die kompromißlose Coco Chanel, die Grande Dame der Pariser Mode, die sich aus ärmlichsten Verhältnissen zur Herrscherin der Modeszene hochgearbeitet hat. Dazu gehörte eine Portion Egoismus, den nicht nur ihre Mitarbeiter zu spüren bekamen. Wenn Coco Chanel aus ihren Zimmern im Ritz in ihren Laden in der Rue Cambon eilte, verschwand die Telefonistin zu einem Warnruf: «Mademoiselle kommt.» Dann war die Schneiderin darauf gefaßt, daß ein Donnerwetter über sie hereinbrach, weil Mademoiselle heute alles ganz anders wollte als gestern: «Sie dummes Ding.» Dann huschten die Verkäuferinnen aufgeregt umher, denn Mademoiselle entdeckte sicher ein Arrangement, das ihr nicht gefiel. Und vor einer Modenschau konnten sich alle darauf einstel-

Mit schriller Extravaganz gegen Modehörigkeit –
Vivienne Westwood

len, Models, Schneiderinnen und Vertraute, daß die Lichter in der Rue Cambon nicht vor Mitternacht ausgingen. Coco Chanel war eine Besessene. Eine Perfektionistin. Ein Mode-Junkie. Dennoch wehrte sie sich kokett, als der größte lebende Couturier bezeichnet zu werden. «Erzählt keine Dummheiten», sagte sie, «oder sagt wenigstens gleich, daß ich ein Genie bin, das ist angenehmer.» Mit Bescheidenheit kommt man nicht nach ganz oben.

«Hört, hört», lästert Hilde, «seit wann stehst du auf klassische Eleganz?» Gut, ich würde mich nie in die CC-Tweedkostüme zwängen, mit diesen komischen kleinen Täschchen und bombastischen Knöpfen, und womöglich noch diese Riesenklunker tragen. Natürlich kann Coco Chanel kein wirklich guter Mensch gewesen sein, denn sie haßte Jeans, und von denen würde ich mich nie trennen, nie. Andererseits hat sie das unvergleichliche kleine Schwarze erfunden, das zu Recht als Ford der Mode bezeichnet wird und das Audrey Hepburn und Jackie Kennedy weltweit bekannt machten. Dafür verzeih ich ihr vieles. Auch Modeschöpfer sind nicht perfekt. Coco Chanel war eine herrschsüchtige Frau, und sie log, daß sich die Balken bogen. Vor allem bog sie sich ihre Vergangenheit zurecht, getreu der Devise, daß Lügen der Wahrheit oft näher kommen. Und dennoch hörten ihr alle aufmerksam zu, weil diese Frau immer für eine Überraschung gut war. Marlene Dietrich etwa, mit der Coco Chanel befreundet war und auf deren Frage, warum sie im Alter von 71 wieder zu arbeiten angefangen hätte, sie antwortete: «Weil ich mich zu Tode gelangweilt habe.» Dazu gehörte Romy Schneider, die Mademoiselle in Mode- und Lebensfragen beriet, aber auch Picasso, Igor Strawinski oder Jean Cocteau. Ich liebe vor allem die drastischen Lebensweisheiten dieser Frau, die nie ein Blatt vor den Mund genommen hat. Eine kleine Kostprobe gefällig? Bitte sehr:

«Eine Frau sollte keine Gliederpuppe sein, was dann der Fall ist, wenn sie der Mode allzu sklavisch folgt.»

«Eine Frau in Hosen ergibt noch lange keinen schönen Mann.»

«Finde heraus, was du gerne tust, dann tu's.»

«Viele Frauen wählen ein Nachthemd mit mehr Verstand aus als ihren Mann.»

Männer sind in Sachen Mode keine Hilfe. Wer mit einem schlichten Anzug immer richtig gekleidet ist, kann bei den Auswahlnöten einer Frau nicht wirklich mitreden, der hat kein Feeling für Stoffe, Farben und

Schnitte. Gut, es gibt wenige Ausnahmen. Die Kollegin leiht sich den Freund der Freundin aus, weil der absolut sicher die besten Klamotten anschleppt, während sie in der Umkleidekabine gar nicht nachkommt. Ich gehe gern mit meinem schwulen Freund Peter zum Streifzug durch die Berliner Boutiquen, nicht nur, weil man dort gut einkaufen kann, sondern auch, weil Peter mehr drauf hat als das übliche männliche «Ist nicht schlecht». Wie gesagt, es gibt die Ausnahmen. Aber die Regel sind Männer, die hilflos sind: bei deiner Verzweiflung, wenn die Jeans, die weder am Po schlabbert noch in der Taille zwickt, die du nach Jahren vergeblicher Suche endlich gefunden hast, aus unerfindlichen Gründen plötzlich nicht mehr produziert wird. Bei deiner Wut, daß Frauenschuhe in Größe 44 nur noch in derben Gesundheitsschuhvarianten genäht werden. Männer stehen fassungslos vor unseren modischen Obsessionen. Und unserer Sammlerleidenschaft.

«Ich würde es Tick nennen», sagt die Wohngenossin, der es schon lange mißfällt, daß meine Schuhe den gemeinsamen Schuhschrank verstopfen.

Tja, bei der Fußbekleidung weiß ich immer, was mir gefällt. Keinesfalls käme ich mit dem Purismus von Cynthia Heimel klar, die behauptet: «Ein Paar schwarze Stiefel, weiße Slippers und hochhackige rote Pumps genügen völlig. Alles andere ist Luxus.» Nie käme mir in den Sinn, die braunen Lederstiefel auszumustern, die raffiniert quer durch den Absatz geschnürt werden. Oder die flaschengrünen Wildlederslipper mit der kleinen, eckigen Spitze, die wie ein Nichts den Fuß umschmeicheln. Oder die schmalen Halbschuhe mit dem wunderbaren Innenleder. Das einzige, wofür es sich lohnt, Geld auszugeben, sind Schuhe. Schon als Kind ersehnte ich die glänzenden Lackschuhe mit den Spangen anstelle der gesunden, bequemen braunen Treter, in die mich meine Mutter zwang. Immer endete der Schuhkauf in wütendem Kummer, in dem mich auch Lurchi und seine

Freunde nur schwer trösten konnten. Meine Mutter ist schuld, daß ich es fast mit Imelda Marcos aufnehmen kann. Man stelle sich vor: mit der Gattin des philippinischen Diktators, deren Volk hungerte, während sie sich Paar um Paar ins eigens gebaute Schuhzimmer stellte, nach Farben geordnet. Ich schäme mich. Gut, ich besitze nicht 40 000 Paar. Aber mehr als drei auf jeden Fall. Und nur wegen der verweigerten Lackschuhe. Mütter sind an allem schuld. Aber das ist ein anderes Kapitel.

Ich würde es eher Leidenschaft nennen, aber nun gut. Mein sogenannter Schuhtick jedenfalls harmoniert bestens mit meiner Liebe zu Italien. Nirgendwo werden schönere Schuhe hergestellt als im stiefelförmigen Mittelmeerland. Inzwischen werde ich in meinem Lieblingsladen in Perugia begrüßt wie eine Verwandte, die zweimal jährlich zu Besuch kommt und zuverlässig Geldgeschenke mitbringt. Ah, Signora, come estai? Gut geht's mir, wie immer, wenn ich hierher zum Einkaufen komme.

Es muß an den Sternen liegen. Anette jedenfalls, die nur wenige Stunden vor mir das Licht der Welt erblickte, teilt diese Leidenschaft. An unserem Geburtstag sorge ich dafür, daß ihre Freundinnen zusammenlegen und ein sündhaft teures Paar italienische Schuhe kaufen, die ich aussuche. Die Umtauschgarantie hat sie noch nie in Anspruch genommen. «Vergiß die Socken nicht», mahnt Anette. Nun, das ist wohl klar. In schicke Schuhe passen keine handgestrickten Wollheimer. Socken müssen aus edelstem Material sein, ein hübsches, dezentes Muster haben und farblich mit dem Darüber harmonieren. Sonst sind deine Schuhe beleidigt. Wenn du schöne Schuhe und Socken hast, sieht alles andere auch aus, als hättest du es von Helmut Lang und nicht von H & M. In Sachen Schuhe sind Hilde und Barbara sehr mit mir zufrieden.

Alle meine Freundinnen haben irgendeinen Modetick. Ob sie nun Tücher und Schals haben in allen Farben und Materialien wie Anette. Oder aus jedem Urlaub einen Ledergürtel oder eine Tasche mitbringen wie Maike, die schon bald nicht mehr weiß, wohin mit dem Zeug. Dem Gag mit dem Body-Bag jedoch hat sich die Wohngenossin kategorisch verweigert: «Ich trag doch nicht so eine angeschnallte Aktenmappe über dem Hintern», sagt Maike, «noch kann ich meinen Arsch zeigen.»

Und Hilde besteht darauf, daß man von Hüten und Kappen nie genug haben kann. «Sie schützen vor Regen und vor Sonne», behauptet sie pragmatisch. Völliger Quatsch. Hilde weiß genau, daß ihre Kopfbedeckungen sie mal verwegen wie Robin Hood, mal elegant wie Djuna Barnes aussehen lassen. Hüte sind die höheren Weihen der Mode, an die sich nur die Stilsichersten unter uns wagen sollten. Mögen die Jungs auch grinsen ob dieser Obsession, Hilde hält es da mit Coco Chanel, und die hatte mal wieder verdammt recht, als sie sagte:

«Zwei Dinge wird ein Mann niemals verstehen: das Geheimnis der Schöpfung und den Hut einer Frau.»

«Man kann weder gut denken noch gut lieben, noch gut schlafen, wenn man nicht gut gegessen hat.»
Virginia Woolf

Bekennt

nisse einer

Über Kochen

zufriedenen

und Essen

Dilettantin

Am Anfang war ein Spargeltopf. Ich habe geheult, als sie ihn mir überreichten, sie, die sich meine Freundinnen nennen und die zusammengelegt hatten, um mir das gute Stück zum Geburtstag zu bescheren. Einen verchromten Kochtopf, hoch und schlank, mit gläsernem Deckel und ungemein praktisch. Vor allem praktisch. «Du freust dich doch schon im März auf die Spargelsaison, was hast du denn?» fragte verständnislos die Wohngenossin, die das angezettelt hatte. Maike hatte kein Verständnis für meine Tränen. Ich hasse praktische Geschenke. Solche, die man brauchen kann, die man ohnehin gekauft hätte, irgendwann. Niemand schenkt einem Socken, Zahnpasta oder Waschpulver zum Geburtstag. Warum also einen Spargeltopf? Doch vor allem ahnte ich, daß es nun vorbei war mit dem lustigen Leben. Und ich hatte recht. So begann meine unfreiwillige Karriere als Köchin. Bis dahin war ich glücklich und zufrieden mit meiner Rolle als Esserin. Ich lobte Menüfolgen, genoß die Köstlichkeiten und spülte brav ab, wenn die Schlemmerei vorbei war. Denn, alte Wohngemeinschaftsparole, wer nicht kocht, spült. Ich kochte nie. In den Zeiten von Biolek, Witzigmann und Siebeck hatte ich mich erfolgreich darum herumgemogelt, selbst zum Kochlöffel zu greifen. Es war eine Zeit ungestörten, weil verantwortungslosen Genusses.

Der Spargeltopf machte dieser billigen Verweigerung ein Ende. Denn natürlich warteten die großzügigen Schenkerinnen auf die Einladung zum Essen, als das zarte Gemüse sprießte. Die Sauce durfte nicht von Maggi sein, und die langen Stangen wurden, Ehrensache, selbst geschält. So lernte ich die Einsamkeit der Köchin bei der Hollandaise kennen, vor allem, wenn die Sauce gerinnt. «Warum hast du nicht Eiswürfel reingerührt?» fragte Hilde fassungslos. Immerhin hatte sie den Spargeltopf mitfinanziert. Doch damit nicht genug. Weil die Spargelsaison begrenzt ist, wuchs der Druck zum Zweitrezept. Ich saß in der Falle.

Sie haben sich schon längst ihre Hauben verdient, meine Freundinnen. Hilde liebt die Pfälzer Küche, mit der sie sozialisiert wurde. Nach jedem Heimaturlaub bringt sie Saumagen mit vom besten Metzger der Pfalz und lädt zum deftigen Essen. Klar, daß sie auch den Trick mit der Hollandaise kennt. Anette ist eine Meisterin aller Nudelkreationen. Und die Wohngenossin verwirklicht jedes Rezept, das ihr unter die Finger kommt. Wenn Maike kocht, darf sich niemand in der Küche aufhalten. Sie duldet keine Königinnen neben sich.

Nur ich, ich versage.

Die Zeiten sind schlecht für Kochmuffel. Heute, wo Köche Philosophen und kulinarische Künstler sind und Lebensweisheiten von sich geben, gilt Kochen als Ausdruck wahrer Kreativität, Chateaubriand als Lebenskunst und ein Freund des Kantinenessens als Kretin. Plötzlich mußt du Schneebesen aus New York mitbringen, die es nur in diesem einen tollen Haushaltswarenladen gibt. Die Messer sollen selbstschärfend, die kugeligen Zuckerdosen aus Italien sein. Probleme wie: «Warum zerbricht von sechs neuen Gläsern immer eins in den ersten drei Wochen, die nächsten vier in den nächsten drei Jahren, während eins noch über Jahrzehnte hinaus unversehrt bleibt?» zählen zu den letzten Fragen der Menschheit und werden abendelang diskutiert. Mit zunehmendem Alter macht sich das Kulinarische breit, was Joseph von Westphalen einmal so treffend als «schlürfende, schmatzende Lebenseinstellung» bezeichnet hat. Sie verlangt geradezu nach 80 000-Mark-Küchen, gerade von denen, die früher in vorderster Front den Konsumverzicht gefordert haben.

Als Essen noch ein Nebenwiderspruch war, fühlte ich mich in meiner Kochunlust unter Gleichgesinnten. Wenn keiner Lust hatte, am Herd zu stehen, blieb die Küche eben kalt. Früher klopften wir Sprüche wie: «Wir kochen schon lange. Wir machen einen Auflauf.» Diese Zeiten sind längst vergessen. Und ich will ja auch nicht behaupten, daß das sonderlich originell war. Aber ich beklage das hemmungslose Ausleben jeglicher Kochlei-

«Ich werde deine Quiche Lorraine stets als ein seltsames Stück Zement in Erinnerung behalten» – Colette über Kochkünste

«Dumme Menschen können keine Feinschmecker sein.»

Guy de Maupassant

denschaft, die früher nur unterdrückt wurde. Die Wohngenossin beispielsweise schleppte irgendwann die gesammelten Rezepte aus «essen & trinken» an, verwirklichte sie und sich an Backofen und Platte. Mittlerweile sind Kochbücher zu Bibeln fürs Lebensgefühl avanciert. Wer nicht weiß, wozu ein Pürierstab gut ist, kann einpacken. Noch nie eine Knoblauchsuppe kreiert? Nein? Hm.

Dabei bewundere ich Köche. Wirklich. Anbetungswürdig, diese Menschen, die herrliche Gerichte auf den Tisch zaubern, dazu locker plaudern und souverän das auf sie einprasselnde Lob entgegennehmen mit diesem Ist-doch-gar-nichts-Besonderes-Lächeln. Was natürlich eine dicke Lüge ist. Die Schriftstellerin Colette, bekannt als Feinschmeckerin und für ihre Kochkunst, brachte es sogar fertig, an die Journalistin Janet Flanner zu schreiben: «Dieses dürftige Mittagessen, das ich Dir bereitet habe, um in den Genuß Deiner Gesellschaft zu kommen, würde lediglich Worte von Dir verdienen wie: ‹Mein liebes Kind, du bist nicht gerade eine große Hausfrau. Und ich werde deine Quiche Lorraine stets als ein etwas seltsames Stück Zement in Erinnerung haben.›» Das nenne ich fishing for compliments. Hochachtung, Madame.

Zum Glück hat die Wurst noch nichts von ihrer Faszination eingebüßt. Auch Gourmets lassen es durchgehen, wenn du nach einer abendlichen Kneipentour bekennst: «Es gelüstet mich nach Currywurst spezial.» Jeder kennt diesen speziellen Hunger, wenn man sich nicht nach Raffiniertem sehnt, sondern nach Bodenständigkeit, Übersichtlichkeit und Handfestem. Jeder kennt den weltbesten Currywurst-Brater. Meiner nennt seine Bude schlicht «X», das ist so schnörkellos wie das Essen, das man hier abholt. Im «X» treffen sich ab 1 Uhr die Nachtschwärmer. Die Gesprächsfetzen, die durch die fettgeschwängerte Luft wabern, sind so bunt wie das Volk, das sich hier versammelt. Hier wird zu Ende gedacht, was am Tresen nur anphilosophiert wurde: Warum Niklas Luhmann Jürgen Habermas letztendlich doch ausgestochen hat, warum Nicole mit diesem dämlichen Fernando abgehauen ist, warum der konservative Bürgermeisterkandidat keine Chance in der Stadt hat und warum die rot-grüne Regierung so viel mehr Stilsicherheit beweist in der Kleidung. Hier im «X» werden zu später Stunde die Gedanken mit den anderen Junk-food-Freunden geteilt und die Pommes mit den Tauben. Diese fliegenden Allesfresser werden unweit meines Lieblingsimbisses von verblendeten Tierfreunden im Taubenhaus gezüchtet, so daß ihre Zahl inzwischen die der menschlichen Einwohner um ein Vielfaches übersteigt. Alle Anfeindungen aus dem Lager der kochenden Geschmacksdiktatoren hätte ich locker ausgesessen. Solange ich mich auf die drei drohenden Ks berufen konnte, die, das war Konsens, als Dreigestirn aus Küche, Kinder und Kirche der weiblichen Emanzipation schwerfällig im Wege stehen. Seit jedoch Alice Schwarzer, die Ikone der Frauenbewegung, beim tapferen Biolek vor aller Fernsehaugen kannibalisch Hühner zerlegte, ist es auch damit vorbei. Die Vorzeigefeministin zog sich so nicht nur den Haß militanter Tierschützerinnen zu, sondern auch meinen ganz persönlichen. Das war Verrat. Mein letztes Argument gegen die massive Bedrängung zum Kochen war wegtranchiert. Kochen war nicht länger emanzipationswidrig, der Herd nicht mehr die Geißel der unterdrückten Frau, nun gab es kein Halten mehr. Und sie schossen wie Pilze aus dem Boden, diese Kochbücher wie «Coole Frauen, heiße Rezepte», die schon im Titel hauchen: «Ich bin so wild nach deinem Kirschsorbet». Versprochen wurde: «Wilde Frauen kochen anders.» Die Botschaft: Kochen ist der ultimative Emanzipationskick. Und so einfach.

Ich war fällig.

«Das gefällt dir bestimmt», sagt Maike, die meinen Widerwillen gegen Ikebana beim Essen kennt, als sie mir das «Schlampenkochbuch» für prosaische Köche zum nächsten Geburtstag (!) schenkt. Wir sitzen in der Küche mit dem alten Steinfußboden, draußen vor der Verandatür nicken Rosmarin, Thymian und Schnittlauch im kalten Herbststurm, der uns hier drinnen nichts anhaben kann, die Wohngenossin bedient den Herd, und ich sehe ihr dabei zu. Es riecht nach Speck, Wein und Zwiebeln. Ich wiegte mich in Sicherheit, geborgen im feucht-warmen Dschungel der Gerüche, ein Glas Wein hinter und ein verführerisch duftendes Essen vor mir. Ich hätte es besser wissen müssen.

«Bei einer Lebenserwartung von 72 Jahren veriß̈t der Mensch etwa 39 420 Stunden», räsoniert Maike beim Zwiebelbraten.

«Woher hast du denn dieses Halbwissen?»

«Angelesen. Wie das: Der Mensch hat 2000 bis 5000 Geschmacksknospen. Da schmeckst du aber nur vier: sauer, salzig, süß und bitter. Der Rest ist Geruch.»

«Zahlenfetischistin», höhne ich und schiebe nach, was ich als passionierte Nichtköchin schon vor langer Zeit mal auswendig lernte: «Ein Stuhl im Wirtshaus ist der Thron der menschlichen Glückseligkeit.»

«Ha, hast du endlich die Rechtfertigung für Haushalts- und Kochverweigerung gefunden?» Empört zischen die Zwiebeln beim Ablöschen.

«Jetzt reg dich nicht gleich auf. Hm, riecht gut.»

«Und du lenk nicht ab», sagt die Wohngenossin. «Außerdem gilt das Wort von Guy de Maupassant: ‹Dumme Menschen können keine Feinschmecker sein.›» Und sie übergießt die zerstampften Kartoffeln mit heißer Milch und plustert sie mit dem Rührgerät zum schaumigen Brei auf.

«Damit kannst du doch schwerlich mich meinen, Miß Vier Sterne», schnappe ich.

Doch Jungfrauen müssen das letzte Wort haben. Das sagt die Astrologie, und bei Maike stimmt das einfach. «Gegen Frust», sagt sie, «hilft eher ein Stück Stör als große philosophische Abhandlungen.» Und stellt das Rührgerät ab.

Es muß nicht immer Stör sein, schon gar nicht Kaviar, Herr Simmel. Manchmal genügt auch Kartoffelbrei, dieses wunderbar-luftige Etwas mit dem nötigen Schuß Muskat, der Kartoffelbrei zum Gedicht macht. Den Klacks auf dem Teller krönt ein Krater aus süß-saurer Specksoße. Kinderspiele, voller Erinnerung und Glückseligkeit. So ein Wohlfühlessen ist mir in der Tat lieber als philosophische Abhandlungen. Das «Schlampenkochbuch» weist übrigens Kartoffelbrei als Seelentröster aus. Das hat mich wieder etwas versöhnt. Warum? Weil es einfach die Wahrheit ist. Und Bücher, in denen die Wahrheit steht, können nicht ganz schlecht sein. Auch wenn es Kochbücher sind.

Die Wahrheit ist auch: Spargeltopf und «Schlampenkochbuch» vertrieben die Dosen und praktischen Instantsuppen aus dem Regal. Schnell ge-

kauft, bei Aldi, gemeinsam mit anderen Kochverweigerern, was ein kurzer Blick in die Einkaufskörbe sofort verriet: Kohlrouladen in Blech und Wein im Pappkarton gelten als unanständig. Wirkliche Szenekocher kaufen bei Aldi Champagner und Kaviar und zaubern raffinierte Gerichte mit dem passenden Kochbuch. Aldi ist Kult, und so wurden wir Ravioli-Fans auch aus diesem Tempel vertrieben. Nun mußte auf dem Markt eingekauft werden, frisch, versteht sich, Fachsimpeleien mit der Verkäuferin inklusive. Nun rannte ich von Laden zu Laden, um Zutaten zu finden, von denen ich bis dahin noch nie gehört hatte. Ich wurde zur Sklavin des Kochbooms und des inzwischen völlig verklebten Kochbuchs.

Wahre Kochkünstler improvisieren, keine Frage. Ich gehöre zu den Handwerkern. Deshalb läuft ohne Rezept nichts in der Küche, ohne nähere ich mich keinem Topf, rühr ich keinen Schneebesen an. Ich messe genau ab, verfahre Schritt für Schritt nach Anweisung und weiche keinen Fingerbreit von Siebecks Wegen ab. Wenn da steht, zwei Eßlöffel Kapern, dann kommen genau so viel in die Sauce. Basta. Beim Kochen halt ich's mit Adenauer: «Keine Experimente.» Endlich einmal nicht tun müssen, was man tun will!

Damit kein falscher Eindruck entsteht: Ich esse leidenschaftlich gern. Und üppig. Und (fast) alles. Die deftigen Dinge wie Kutteln, Schweinshaxe und Schlachtplatte ebenso wie ein feines Saltimbocca oder einen kleinen Feldsalat mit Entenbrust. Erstere vielleicht ein bißchen mehr. Ich liebe die Krimis von Vasquez Montalban nicht zuletzt deswegen, weil sie mit Rouladen von Schweinskopf und -öhrchen oder Mongetes amb butifarra, der legendären katalanischen Blutwurst an Bohnen, gewürzt sind. Der Katalane liebt deftige Hausmannskost. Nie würde ich satt von Erdbeeren, Spargel, Champagner und Kaviar, wovon Isadora Duncan nie genug bekommen konnte. Die Dichterin Mercedes de Acosta kannte diese Leidenschaft und lud die Duncan zu einem Festschmaus ein: «Mitten auf den Tisch stellte ich sieben große Berge Spargel, bereits gekocht und mit reichlich Kaviar garniert. Drumherum stand ein stattliches Aufgebot an Flaschen, die alle den besten Champagner enthielten, und auf jeder Ecke des Tisches standen Schalen frischgepflückter Erdbeeren ... Isadora war hingerissen.» Na ja, Isadora Duncan war Tänzerin, für elegische Ballerinen ist Hausmannskost eh tabu – zu viele Kalorien.

Zungenverwöhnte Puristen akzeptieren nicht, daß man beides mag: das leicht ranzige Pommes-Festessen und die feine Sterneküche, das Mensa-

respektive Kantinenessen wie die Variationen der italienischen Küche, Spargel und Schweinsöhrchen. Meine kulinarische Unentschiedenheit, diese anarchische Uneindeutigkeit, läßt meine kochenden Freunde verzweifeln. Und disqualifiziert mich. Ich werde also nie zur Gourmetgemeinde gehören. Schon eher Josephine Baker. Die Dame liebte Hummer, und es konnte schon einmal vorkommen, daß sie vor einer Aufführung nirgendwo zu finden war. Dann saß sie in ihrer Garderobe und verspeiste seelenruhig eines der Schalentiere, während alle sie aufgeregt suchten. «Warum die Hektik?» fragte Josephine Baker dann. «Mein Kostüm war doch schnell angezogen.» Oder auch ausgezogen? Jedenfalls hat das Stil.

Nein, ich plädiere hier nicht für Instant food. Ich mag's durchaus raffiniert. Wer würde nicht dahinschmelzen, wenn er mit Knoblauchsuppe eingestimmt, mit Gänsebrust gesättigt und mit Panna cotta verwöhnt würde? Oder mit Mousse au chocolat? Kennen Sie das auch? Man ist absolut pappsatt, keine Krokette, kein Salatblatt geht mehr. Aber der Nachtisch, sei's ein leckerer Apfelkuchen oder Eis mit Sahne, findet immer noch Platz. Meine Theorie: So wie die Kuh sieben Mägen hat, hat der Mensch zwei. Einen für das normale Essen und einen kleinen Extramagen für die süßen Sachen, die jedes Essen so herrlich abrunden. Aber das nur so nebenbei.

Ich liebe es also zu essen. Die Gerüche, der erste Bissen, das langsam einsetzende Gefühl von Sättigung. Und besonders gerne nage ich Knochen ab. Dieses Zuppeln und Zupfen, das Saugen und Schaben. Das hat mir Uli und Herrn Meier zum Feind gemacht. Uli, der bei jedem Essen die Knochen für den Schäferhund zusammensammelt, sieht in mir böse Konkurrenz. Ich bestehe darauf, daß Herr Meier kriegt, was ich ihm am Knochen übrig lasse. Uli meint, das sei zuwenig. Herr Meier und ich werden nicht mehr zusammen eingeladen. Ja, ich liebe das Essen. Aber nur, wenn ich nicht selber kochen muß, wenn ich eingeladen bin, wenn einer oder eine, das ist mir völlig gleich, für mich kocht.

Etwa der Lebensgefährte, im Beruf ebenso gewitzt wie im Alltag lebensuntüchtig, ein Mensch, der zum Gerichtsvollzieher ein vertrautes Verhältnis pflegt, weil er manchmal monatelang vergißt, seine Rechnungen zu öffnen, geschweige denn zu begleichen. Logisch, daß einer wie er weder eine Zitrone von einer Limone unterscheiden kann noch das nötige Kochgeschirr besitzt, von einem Kochbuch ganz zu schweigen. Einmal im Jahr fühlt auch er diesen grauenhaften Druck, sich für die zahlreichen Einladungen zu revanchieren. Dann begibt er sich an den Herd. Der Liebste hat das Glück, daß er Feinschmecker als Freunde hat – nur Pech, daß sie in Berlin sitzen. An diesem einen Tag im Jahr läuft die Leitung nach Berlin heiß: Hier kocht die Telekom. Was für mich das Kochbuch, ist für ihn der Telefonhörer. Den klemmt er ans Ohr, während er genau ausführt, was ihm da geflüstert wird.

«Hast du die Knoblauchzehen im Backofen?»

«Gerade reingetan.»

«Dann kannst du die Entenbrust aus der Marinade holen.»

So beherrscht er dank seiner Freunde genau eine Menüfolge, die jedoch perfekt. Daß die Telefonrechnung dabei in die Höhe schnellt, ist sein Problem, und daß Töpfe und Teller immer aus meinem Haushalt mitgebracht werden müssen, stört mich nicht. Hauptsache, ich muß nicht kochen. Schade eigentlich, daß die Zeiten der Leibköche vorbei sind. So einen würde ich mir gerne halten. So bleibe ich eben auf Einladungen angewiesen.

Wie die Pasta-Lockungen von Freundin Anette, die sich im Laufe der Jahre, die wir uns nun schon kennen, als Zwillingsschwester entpuppte, nicht nur, weil wir am gleichen Tag im gleichen Krankenhaus geboren wurden. Anette jedenfalls hat, so sie mit ihrer Band nicht auf Tour ist, einen geregelten Alltag als Querflötenlehrerin. Und außerdem ist sie eine begnadete Nudelspezialistin, die jeden Italiener an die Wand kocht. Gerne erinnere ich mich an die legendären Mittwochabende, an denen wir uns trafen, um gemeinsam den runden Geburtstag zu planen. Es sollte ein Riesenfest werden, mit sämtlichen alten und neuen Freunden, Live-Band und DJ. So ein rauschender Abschied von der Jugend bedarf der sorgfältigen Vorbereitung. Wir fingen zeitig an, ein halbes Jahr vor dem Fest.

Und immer war der Auftakt ein Nudelgericht: einfach, unaufwendig, was die Jahreszeit hergab und der Türke vor Anettes Haus so an frischem Gemüse und Salat im Angebot hatte. Das war nach meinem Geschmack. Nach der Arbeit direkt an den Kochtopf, wo die Nudeln schon vor sich hin köchelten. Wenn ich losfuhr, rief ich an, und Anette timte alles so, daß die Teigwaren al dente auf dem Tisch standen, wenn ich zur Tür hereinkam. Wenn ich mal wieder einen Termin aufgebrummt bekam, weil ich nicht mit weinenden Kindern daheim aufwarten konnte (wie klingt denn: «Meine Freundin wartet mit den Nudeln auf mich?»), funkte ich durch, sie solle die Nudeln zurückhalten. Was sie gerne tat. So muß sich der Ehemann fühlen, dem die Gattin den Rücken freihält. Zur Pasta zauberte sie Gemüsesaucen, Tomatensaucen, Pestosaucen. Dazu gab es reichlich frischen Parmesan und reichlich Rotwein.

Wir hockten gemütlich in der kleinen Küche, die Knoblauchschwaden hingen wie Vorahnungen über unseren Köpfen und mischten sich später mit dem Zigarettenrauch, der jedes gute Essen abschließt und jede gute Unterhaltung begleitet. Meist saßen wir da im T-Shirt, weil Essen und Kochen warm machen, nicht nur ums Herz. Wir kicherten und becherten, wir quatschten über Musik, Motorradfahren und Diäten und Gott und die Welt. Nicht ein einziges Mal unterhielten wir uns über die bevorstehenden Geburtstage und unsere große Party, die dennoch ein rauschendes Fest wurde. Doch die Nudeleinladungen haben mir eigentlich noch viel besser gefallen. Immer fuhr ich zufrieden und satt heim, in der schönen Gewißheit, daß Nudeln wirklich glücklich machen. Manchmal ist das Leben so banal.

Anette schwört, daß es ihr gutgeht am Herd und ich sie nicht gegeneinladen muß, «ehrlich». Sie weiß, daß ich an diesem Ort unglücklich bin.

Pasta Amica

Anettes Lieblingsimprovisation («Ich hab sie Pasta Amica getauft»)

geht so:

Spaghetti No. 5 von Barilla, weil die genau die richtige Dicke haben für die Sauce, eine gute Freundin, frische Karotten und Zucchini vom Türken um die Ecke, supergutes Olivenöl, bloß daran nicht sparen, Parmesan am Stück, viel Zeit und eine, besser zwei Flaschen Chianti, man weiß ja nie.

Setzen Sie das Wasser für die Pasta auf, schneiden die Karotten in dünne Scheiben, die Zucchini in kleine Stifte. Das sieht lustig aus, und die Augen freuen sich, und dünsten Sie das Gemüse in Olivenöl an. Spaghetti al dente kochen, raus und mit dem Gemüseöl mischen, fertig. So schnell geht das. Viel Zeit brauchen Sie, um den Parmesan drüberzureiben, vor allem aber, um Rotwein zu trinken und zu quatschen. Das ergibt eine unkomplizierte, glücklichmachende Mahlzeit, sanft und sättigend.

Zum Nachtisch schwört Anette, sie ist schließlich Künstlerin, auf einen guten Joint, Marke Homegrown. Natürlich würde sie, wenn man sie denn fragte, sagen, daß sie es hält wie Mr. President Clinton oder die Gesundheitsministerin Andrea Fischer: «Nur ziehen, nie inhalieren.»

Denn ich bin eine Streßköchin. Ich halte es schlechterdings für unmöglich, das Timing mehrerer Gerichte so hinzukriegen, daß das eine nicht schon kalt ist, wenn das andere gerade erst in den Topf kommt. Mir bricht der Schweiß aus, ich hantiere hektisch, renne, Sklavin der Anleitung, vom Herd zum Buch und zurück, lege dadurch viele Kilometer zurück und bin körperlich und seelisch völlig am Boden, wenn die Gäste kommen.

Streß, das ist bekannt, ist dem Appetit nicht förderlich. So habe ich nichts von den mühsam hergestellten Speisen, und während die anderen am Tisch plaudern, bin ich zu erschöpft, um noch Piep zu sagen. «Man muß das Essen lieben», schreibt im Vorwort seines Kochbuchs der Besitzer von «Harrys Bar» in Venedig, «und auch die Menschen mögen, für die gekocht wird.» Klingt gut, doch leider gelingt mir das nie. Ich stehe am Herd, hasse das Essen, dessen Zubereitung mich in Streß bringt, und die Freunde gleich mit, die das alles in Windeseile wegputzen werden. Das ist unfair, ich weiß, aber das Leben ist eben ungerecht.

Nie, nie, nie würde ich einen Mann bekochen, den ich verführen will. Dabei sagt man, daß Speisen und Eßrituale eine wunderbare Vorbereitung anderer fleischlicher Wonnen sind. Aber wer hat schon Appetit auf eine Frau, die einem mit unstet flackerndem Blick gegenübersitzt und wirre Sätze stammelt wie: «Wenn die Nudeln nicht später und das Gas nicht aus, dann hätten auch die Kapern rechtzeitig» und dabei den Teller lustlos von links nach rechts schiebt? Nach stundenlanger Schufterei verblaßt zudem der Glanz dessen, den man verführen wollte, beginnt die Lust einzuschrumpeln wie der Lammbraten in der Backröhre. Und ganz sicher schaffe ich es nicht, rechtzeitig vor dem Erscheinen des Objekts der Begierde noch im Bad zu verschwinden und mir wenigstens den Schweiß von der Stirn zu wischen. Von anderen Verschönerungsaktionen ganz zu schweigen. Dann lieber essen gehen.

Oder gleich ins Kino. Es gibt so schöne Filme, die weniger schweißtreibend sind als die Hektik am Herd, wunderbare Appetithappen für die Liebe. Etwa «Bittersüße Schokolade», diese mexikanische Liebesgeschichte, die durch den Magen geht. Leider ohne Happy-End. Oder «Babettes Fest», ein Streifen, der die Zubereitung eines opulenten Mahls lustvoll zelebriert. Dem bekennenden Hedonisten Vincent Klink, gerühmter Sternekoch und versierter Fabulierer, gelingt diese Verbindung von Erotik und Kochen (ich spreche hier ausdrücklich vom Kochen, nicht vom Essen) wohl trefflich. Mit Vergnügen lese ich in «Cottas kulinarischem Almanach», für den der schreibende Koch jährlich Autoren von Martin Walser bis Cora Stephan zusammentrommelt, von seinen Küchenspielen. «In der Küche mit Renate» heißt die hübsche Betrachtung zu Kochen und Erotik, und darin beschreibt der beleibte Kochkünstler genüßlich, wie er beim gemeinsamen Kochen und Schnippeln in der kleinen Küche immer wieder ebenso lustvoll wie unabsichtlich Renates Brüste streift, dem Jeanshersteller dankbar, daß seine Produkte jede aufsteigende Leidenschaft unsichtbar machen, und schwärmt: «Das nenne ich ein Zwischenhoch im ansonsten fad abgeschmeckten Alltag des Kochs. Welch Glück, noch Frauen vorzufinden, die dicke Kerle mögen und ihr Weltbild nicht völlig von ausgemergelten Dressmen bestimmen lassen.» Auch Casanova war bekanntlich kein Kostverächter. Vor allem Austern hatten es ihm angetan. Sie lassen sich, wie er schrieb, auf «die wollüstige Art essen, wie sie nur zwei sich anbetenden Liebenden möglich ist. (...) Wir schlürften sie abwechselnd einander aus dem Munde.» «Eine Auster im Mieder von Donna Emilia» heißt die Sammlung von Casanovas sinnlichsten Rezepten. Meine eigenen Erfahrungen mit dieser überschätzten Muschel waren eher enttäuschend. Ich honorierte den guten Willen des zungenverwöhnten damaligen Liebhabers, der mich ins Lager der Feinschmecker locken wollte. Es gelang ihm nicht. Die Austern blieben auf dem Teller: zu glitschig, zu fischig, zu salzig. In meinem Mieder hat so was nichts verloren.

Ich bleibe bei meinem Nein zum Kochen. Der Mensch braucht ein paar unverrückbare Haltungen, die dem Alltag Stabilität verleihen. Ich bleibe eine Outsiderin, ich gehöre nicht zum Klub der kulinarischen Weltverbesserer. Ich bin und bleibe eine Bekochte, daran ändern auch meine gelegentlichen Ausflüge in die ungeliebte Welt der Aktiven nichts.

Und was den Spargeltopf und die guten Freundinnen anbelangt, da habe ich mich mit meiner Wohngenossin inzwischen arrangiert. Wenn das alljährliche Spargelessen droht, dann ist sie für die Hollandaise, das Apfeltörtchen und die Knoblauchsuppe verantwortlich. Und ich für die niederen Dienste: schälen und spülen. Ich habe mich damit abgefunden, unemanzipiert im kochenden Sinne zu sein und völlig neben dem Lifestyle zu liegen. Meine Devise lautet:

Kochen ist gut, essen ist besser.

Abenteuer nicht nur in der Fremde

Über Gärtnern und Reisen

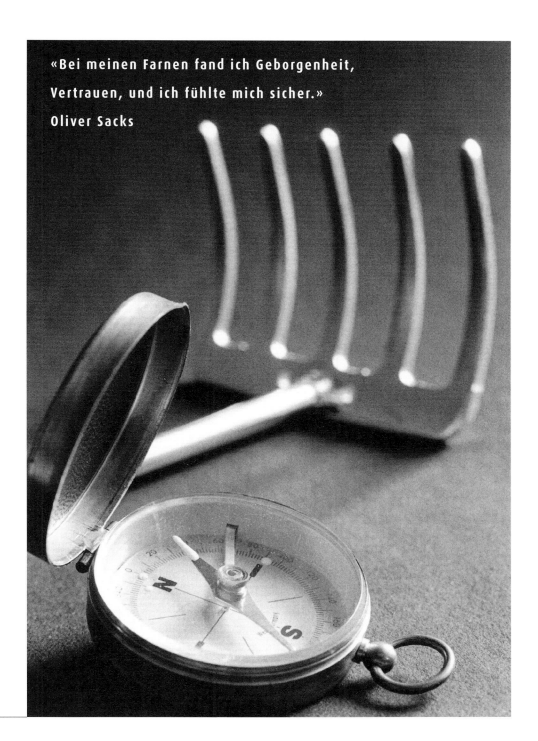

Ich hasse Winter. Im Winter bin ich unausgeglichen, unausstehlich, unerträglich, depressiv. Das liegt keineswegs an den fehlenden Lichteinheiten, die man sich mittels Sonnenbank und Lichttherapie künstlich zuführen kann. Wenn es so einfach wäre. Im Winter fehlt mir ein Ventil für Ärger mit dem Chef («So einen feministischen Quatsch will doch keiner lesen»), für den Streit mit der Freundin und Wohngenossin («Du könntest wirklich mal wieder einkaufen gehen») und ein Ausgleich für die immer wieder traurige Erkenntnis, daß Männer und Frauen nicht zusammenpassen. Kurz: Es fehlt mir mein Balkon.

Hätten Sie geglaubt, daß die tägliche Läusejagd und allabendliche Gießaktion (notfalls mit der Taschenlampe) so wichtig für die weibliche Psyche sind? Ich auch nicht. Bis zu dem Tag, als der rotblühende Oleander (Nerium oleander) Einzug auf meinem Balkon hielt. Seitdem bringen mich Olli und seine inzwischen zahlreichen Freunde auf Trab. Und ins emotionale Gleichgewicht. Sproß & Co. ersetzen mir den Wochenendausflug auf die Schönheitsfarm mit Salben und Massagen für Leib und Seele.

Gut, ich habe mich anfangs geschämt. Gelassenheit für Unzufriedene vermitteln gemeinhin Yogakurse, Ayurveda oder Bungee jumping, so frau überlebt. Ich weiß auch, daß es mehr hermacht, wenn meine Freundin Hilde am Strand in Portugal, den Schnellhefter vor sich, Yogafiguren übt. Das haben die bewundernden Blicke der dunkelhaarigen Männer auf ihre kopfstehende Bikinischönheit bewiesen. Ich hingegen bekomme von gehässigen Mitmenschen eine bieder-grüne Gärtnerschürze geschenkt und Ratgeber zum Mulchen sowie Bemerkungen zu hören, giftig wie E 611. Ganz zu schweigen von der rhetorischen Anfrage meiner Wohngenossin: «Und wer gießt das alles, wenn du in Urlaub gehst?»

Aber da mußte ich durch.

Wer erst einmal erlebt hat, an wen man alles denken kann, während man lustvoll Läuse zerquetscht, einfach so, zwischen zwei Fingern, knack, der pfeift auf die katharsische Wirkung vom Joggen und die körpereigenen Endorphine, die dabei angeblich ausgeschüttet werden. Der wird süchtig. Nach dem kleinen Kampf mit der Natur, nach dem Geruch der Erde, in der man lustvoll wühlen kann. Und nach den widerspruchslosen Blumen, die brav blühen, bunt und prall, nur uns zur Freude. Keiner liebt sie alle, bewahre. Ich beispielsweise lehne Rosen ab. Zu schön. Zu glatt. Und extrem lausanfällig. Die Superblume, überladen und unecht. Gewissermaßen die Hera Lind in der Pflanzenwelt. Ich mag die Loser: den tapferen Leinsamen, der sich spillerig und mager in die Höhe reckt, weil ich nicht rechtzeitig für Platz im Kasten gesorgt habe, den unverwüstlichen Rittersporn, mehr Blätter als Blüten, der den alljährlichen Härtetest (in Schnee und Eis draußen) nicht nur einmal mit Bravour bestanden hat, und die kleine Eiche, die dank eines vergeßlichen Eichhörnchens im Topf des Margeritenbäumchens Wurzeln geschlagen hat.

Und nun wird es Zeit für ein Geständnis: Ich liebe Geranien. Diese feuerwehrroten Allerweltsblumen, die jedes Holzfachwerk in trügerischer Idylle aufblühen lassen, die bei jedem «Unser-Dorf-soll-schöner-werden-Wettbewerb» unverzichtbar sind, diese Blüte gewordene Biederkeit, die jedem vernünftigen Menschen Kälteschauer unerträglicher Behaglichkeit den Rücken hinunterjagen. Ich will nicht so weit gehen und die gelbe Forsythie verteidigen. Aber die Geranie hat ihren schlechten Ruf nicht verdient. Sie ist nicht nur die Brave, Bürgerliche. Sie ist auch die unverdrossene, grelle Blüherin, die in Italien vor jedem Portal und auf jedem Balkon steht. Sie überwintert locker und reckt im nächsten Jahr verholzter und widerstandsfähiger ihre Blüten, sie wurde zu Unrecht vom oberschwäbischen Barock instrumentalisiert. Weg mit dem Joch der Biederkeit. Für die Befreiung der Geranie. Ich habe gelernt: Man muß beim Gärtnern offensiv werden.

Schließlich haben schon Künstler die große Bedeutung des Balkonschmucks registriert und festgestellt, daß es sich nicht nur um eine visuelle

Rückzüge in mediterrane Gärten.
Romy Schneider mit ihrem Sohn David

Droge handelt. Das Methadonprogramm für Geranienabhängige, das ein Stuttgarter Künstler entwickelt hat, finde ich allerdings übertrieben: Eternitplatten mit rotem Schriftzug «Geranien» als Ersatzdroge. So leicht sind wir Blumen-Junkies nicht zu substituieren. Vor allem, seit wir zu unserer Abhängigkeit stehen. Und außerdem: Unsere Zahl ist gesamteuropäisch auf eine Population von rund zweieinhalb Millionen angewachsen, und die internationale Dachorganisation der Gärtner ist bei der Europäischen Gemeinschaft als NGO (Nichtregierungsorganisation) anerkannt.

Irgendwann entdeckte ich, daß ich mich mit meinem Hobby in guter Gesellschaft befand. Die englische Schriftstellerin Vita Sackville-West liebte nicht nur Virginia Woolf und ihre Unabhängigkeit, sondern eben auch ihre Pflanzen. Sie machte Schloß Sissinghurst zu einem der bedeutendsten Gärten Englands und schrieb neben Biographien und Romanen über 25 Jahre lang für den «Observer» eine Gartenkolumne, so schnörkellos, wie sie auch ihre Rosen behandelte. Gut, ich würde nicht so weit gehen und ein Gartentagebuch führen. Balkonien ist überschaubarer. Doch Sackville-Wests Wahlspruch beherzige ich nicht nur bei der Unkrautvernichtung: «Der wahre Gärtner muß brutal sein und voller Phantasie an die Zukunft denken.»

Auslöser für mein blühendes Selbstbewußtsein war jedoch das Geständnis eines Kollegen. Zu später Stunde, als die früher Heimgegangenen schon alle durchgehechelt waren, blickte er, der bei jedem Gesprächsthema wirkungsvoll Goethe, Adorno und Wittgenstein zu zitieren weiß, versonnen auf meine Hände und gestand: «Ich finde das Stück Erde unter deinen Fingernägeln total erotisch.» Diese Spannung zwischen Urwüchsigem und Gezähmtem, von Natur und Kultur, die Verheißung des Gartens Eden, die dieses klitzekleine Stückchen Erde, so verloren, ach, symbolisiere, es erinnere ihn an Goethe, der auf einer seiner Reisen eine anziehende Gartenbewohnerinnenbekanntschaft gemacht habe. Unversehens in solch illustre Nachbarschaft katapultiert, blühte die Gärtnerin auf, auch wenn ich diese Abhandlungen unschwer als verschrobene Form der Anbaggerei durchschaute. Das machte mir Mut. Mein Outing begann.

Seit ich meine Blumen nicht mehr so verschämt liebe, habe ich viele Artverwandte gefunden. Der Bruder meiner blumenhassenden Wohngenossin hat sich zum Gärtnertum bekannt, als er das erste Mal in das bunte

«Der Garten ist mein Schutz, meine Zufluchtsstätte...»

Elisabeth von Arnim

Grün auf unserem Balkon eintauchte. Seitdem tauschen wir am Telefon heimlich Blütenstand und Pflegetips aus. Die Kollegin, die mir schon viele Jahre gegenübersitzt und während dieser Zeit schon manche Zu- und Abneigung anvertraut hat, offenbarte eines Tages ihre Vorliebe für die schwarzäugige Susanne. Und der Mensch mit der Vorliebe für schwarze Fingernägel schleppte nach einem Abendessen auf dem Balkon samt Diskurs über die Tugend der Orientierungslosigkeit, ohne zu zögern, Rosmarin- und Geranien-Ableger ab.

Als ich im Zuge meiner Balkonoffensive zum Polaroid-Wettbewerb aufgerufen habe, waren sie dabei. Sie haben sich, mit Kopftuch und Gartenschere bewaffnet, abgelichtet, sie drapierten sich wie Models vor ihren Margeriten und begaben sich gelbgewandet in einen Schönheitswettbewerb mit ihren Sonnenblumen. Nur der von mir für den Sieger ausgesetzte Preis – einmal Übernachten unter meinem Olli, mit Frühstück – wurde nie eingelöst. Schade eigentlich. Vielleicht war die Isomatte selbst für eingefleischte Blumenfetischisten zu hart.

Blumen sind ein beliebtes Smalltalk-Thema. Fast jeder, so er einen Balkon sein eigen nennt, hat irgendeine Lieblingspflanze oder sonstige Balkonverschönerungen wie Springbrunnen, pausbäckige Putten oder verspielte Amoris, womöglich persönlich importiert aus Italien, was alles wunderbare Rückschlüsse auf den Charakter zuläßt. Der italokulinarische Freund etwa, der eine fast professionelle Espressomaschine sein eigen nennt, legte mir Zitronenmelisse ans Herz, «die so wunderbar schmeckt zu frischen Erdbeeren mit Zucker». Ein anderer bekannte, daß sich seine Gartenaktivitäten auf das Rasenmähen beschränken, das er mit Akribie (von außen nach innen, am Rand mit der Schere nachschneiden) auf Befehl seiner Frau alle zwei Wochen im Reihenhausvorgarten absolviert. Zeig mir deinen Garten, und ich sag dir, wer du bist.

Jeder Garten-Junkie hat eine ganz individuelle Art, Laus & Co. zu bekämpfen oder Unkraut zu vernichten. Manche schwören auf Lebendkulturen aus Schupfwespenpuppen, Marienkäferlarven und Raubmilben, durchsichtige Kampfmaschinen, die sie in den Krieg gegen Blattläuse, Weiße Fliegen und Spinnmilben schicken. Nicht jeder liebt dieses grausame Gemetzel im Blumenkasten, manchen scheint die chemische Keule, bei der ohne Anstechen, Ansaugen und Überfall gestorben wird, umweltschonender. Ich schwöre auf die Handverlesemethode mit lustigen Gedankenspielen (siehe oben).

Vita Sackville-West war geradezu vernarrt in ein Unkrautmittel, das Löwenzahn und Gänseblümchen erbarmungslos aus dem edlen englischen Rasen ätzte, und pries dessen Vorzüge in ihrer Gartenkolumne: «Statt allein, schlecht gelaunt und vom murrenden Ischias geplagt mit einem Pflanzenheber oder einem abgebrochenen Küchenmesser auf allen vieren auf dem Rasen umherzukriechen, können Sie jetzt lässig flanieren, können hin und her spazieren und dabei mit einer Gießkanne Tod verteilen, während Sie sich mit den Freunden unterhalten, die zum Tee gekommen sind. Auf diese Weise verbinden Sie Ihr gesellschaftliches Leben mit der Gartenarbeit, zu der Sie bisher nicht gekommen sind.»

Darüber läßt sich trefflich philosophieren, und daher ist bei neuen Kontakten die Frage: «Hast du einen Balkon?» obligatorisch. Es kann der Beginn einer wunderbaren Freundschaft sein. Etwa, als die interessante Frau, die ich in meinem Fortbildungskurs schon aus der Ferne so sympathisch gefunden hatte, mir von ihrem Seerosenteich über den Dächern Berlins erzählte. Spätestens in diesem Moment war zweierlei klar: 1. eine Seelenverwandte. 2. Das muß ich auch haben. Es gibt Seerosen, die sind mit einer Wassertiefe von 25 Zentimetern, wie sie kleine Zinkwannen bieten, zufrieden. Dazu ein paar Wassergräser, Sumpfdotterblumen – und es tun sich neue Horizonte jenseits der Trockenkultur auf. Ich entdeckte Monet, der sich 1890 ein Landhaus bei Paris kaufte, einen prächtigen Garten anlegte und fast nur noch Blüten malte. «Ich brauchte einige Zeit», gestand der Maler, «bis ich meine Seerosen verstand.» Seine Leidenschaft für die Wasserpflanzen begann 1903. «Ich hatte sie aus reinem Vergnügen gepflanzt», schreibt er, «ich zog sie heran, ohne daran zu denken, sie zu malen. Eine Landschaft geht einem nicht von einem Tag auf den anderen unter die Haut. Und dann hatte ich plötzlich die Offenbarung. Seit jenem Augenblick habe ich kaum ein anderes Sujet gehabt.» So viel Besessenheit überzeugte mich. Ich machte mich daran, die Balkonvariante von Monets Traum zu realisieren. Doch ich hatte nicht mit Maike gerechnet. Die Wohngenossin brachte das ambitionierte Teichprojekt mit einem einzigen

Wort, das einem Veto gleichkam, zum Scheitern: «Schnaken.» Da ist noch harte Überzeugungsarbeit zu leisten.

Man sieht: Blumen polarisieren. Sie lassen keinen gleichgültig, auch nicht die Nachbarn. Wer bleibt schon ruhig, wenn ihm in schöner Regelmäßigkeit rote Geranienblüten in den Sonntagskaffee wehen? Und mancher beäugt auch mißtrauisch die wunderschönen fünffedrigen Hanfpflanzen mit ihrem linden Grün, die ich nur deshalb in Pflege genommen habe, weil sie so ein buschiges Urwaldgefühl aufkommen lassen. Ehrenwort.

Wer gärtnert, verbessert seine Bodenhaftung. Und recycelt Körper und Geist. «Der Garten ist mein Schutz, meine Zufluchtsstätte», gestand Elisabeth von Arnim in ihrem Tagebuch, in dem die Autorin mit der freien Natur auch die eigenen Wege der Frau entdeckte, «und jede Blume, jedes Unkraut ist ein Bekannter.» Doch die Grillkultur, die zum Gärtnern gehört wie die Fuge zu Bach, ist meine Sache nicht. Auf meinen Balkon kommt mir keines dieser gräßlich praktischen Blechgestelle. Nichts finde ich unappetitlicher als ein verkokeltes Stück Fleisch, wie man es bei jedem Sommerfest aufgedrängt bekommt. Ich mag es nicht, wenn Männer sich zu Pyromanen entwickeln, kaum daß sie diesen Schurz umgebunden haben, und mit Blasebalg und Zangen hantieren. Ich mag Gärtnern pur.

Auch aus diesem Grund begegne ich der Welt der Schrebergärtner, in der Grillen Kult ist, mit Vorbehalten. In den eingezäunten kleinen Paradiesen herrscht eine Ordnung, die mein Balkonien nicht kennt. Gemeinsam kämpfen die Gartendompteure gegen Unkraut in Ritzen und Rabatten, gegen Umweltfrevler in den eigenen Reihen, die Müll auf dem Grill verbrennen, gegen pubertierende Verkehrsrowdys auf Mofas, die über die geteerten Wege rattern ohne Rücksicht auf Nachbars Lumpi. Ich teile vielleicht die Sehnsucht nach Wind und Weite, doch dieser Kampf ist meiner nicht. Ich bin eine überzeugte Balkongärtnerin. Der Bonsaiform des Gartens gilt meine Liebe. Ich schwärme für das überschaubare Stück Garten Eden, das mit wenigen Regeln auskommt und keinen Verein braucht.

Maike meint, mein Faible nehme langsam zwanghafte Züge an, nur weil ich manchmal schon vor dem Frühstück schlaftrunken auf den Balkon wanke. Doch während die Buchstaben der Zeitung nach einer langen Nacht schon mal vor den Augen verschwimmen, steht die Gemeine Begonie wie eine Eins, unübersehbar in ihrer gelben Pracht selbst für halbblinde Nachtschwärmer, und stört sich nicht an der geballten Morgenmuffeligkeit, die ihr entgegenschlägt. Pflanzen sind einfach die besseren Menschen.

Zwanghaft? Nö. Schließlich habe ich noch nie mit meinen Blumen geredet. Auch nicht mit Olli. Und den kenne ich nun schon drei Jahre, in denen er mir wirklich ans Herz gewachsen ist. Jedes Jahr zehn Zentimeter.

«Lauf! Geh!
Nur zum Bersten hält die
Wolke inne, und
nur zum Weinen bleibt der
Abenteurer stehn!»

Isabelle Eberhardt

Nichts hatte auf diese Leidenschaft hingedeutet. Gut, der Mann ist Psychologe, und so hatte sich Anette vorsorglich gegen gründelnde Gespräche gewappnet und ansonsten auf den Australienurlaub gefreut. Martin, den die Wohngenossin nur Bürste nennt, weil er das Plastikinstrument sichtbar oben im Jackett trägt, Bürste also hatte sich daheim als wenig prickelnder, doch zuverlässiger Kneipen- und Kinobegleiter erwiesen. Er versprach ein unkomplizierter Reisegefährte zu werden, ein bißchen Schutz, ein bißchen Unterhaltung, ein bißchen Spaß. Außerdem war er der einzig greifbare Mensch mit Resturlaub. Es schien eine ideale Lösung. «Es war das Grauen», stöhnt Anette und stürzt den Willkommenssekt hinunter, «da reisen wir durch dieses Land der Wüsten und Kängurus, sehen die einschüchternd-fremden Aborigines, und wißt ihr, was der Typ fotografiert?» Nö. «Tannenzapfen.» Prusten und hemmungsloses Gekicher. «Klarer Fall von frühkindlicher Fehlprägung», stellt die Wohngenossin fest, als sie wieder sprechen kann. «Warum bin ich nicht daheim geblieben?» klagt Anette. Damit sie nicht auf falsche Gedanken kommt, planen wir gleich den nächsten Trip. Echte Reise-Junkies lassen sich von kleinen Mißlichkeiten nicht abschrecken.

Auch ich bin süchtig nach dem Ausstieg auf Zeit, mehr als nach den Brausebonbons meiner Kindheit. Da haben wir gerackert im Job, uns wie die Hamster im Rädchen gedreht und funktioniert, und nun soll alles gut werden: Abenteuer statt Alltagsallerlei, Sonne statt Regen, fremde Landschaften und fremde Menschen statt der immergleichen Gesichter in den immergleichen Gassen. Er reise, um aufzuwachen, erklärte der Poet und Globetrotter Bruce Chatwin: «Wenn ich zu lange an einem Ort bin, schlafe ich ein.» Also raus aus der Routine, rein in die Fremde. Menschen, die viel reisen, und zwar zum Vergnügen, haben die schärferen Sinne, sagen Sozialmediziner: schärfere Augen, ein besseres Gehör und feinere Geschmacksnerven. Manchmal kann das von Nachteil sein. Etwa, wenn du merkst, daß der Kerl an deiner Seite streng riecht, weil er die paar Klamotten, die er eingepackt hat, rationiert bis zum Urlaubsende: die erste Woche das rote T-Shirt, die zweite Woche das blaue und so fort. Urlaub heißt Bewährungsprobe. Deshalb sind Reisepartner so sorgfältig auszuwählen wie Feinstrumpfhosen, die länger als einen Tag halten sollen.

«Du mußt eben mit Frauen reisen», behauptet Maike. Die Wohngenossin scheint einen Schalter eingebaut zu haben, den sie von gestrenger Alltagsbewältigung auf Gelassenheit im Urlaub umlegen kann. Neid! Ich hingegen schleppe die Probleme aus dem anderen Leben mindestens eine Woche mit mir herum und kämpfe nachts gegen ungerechte Chefs und verbummelte Strafzettel, während sie verträumt in den italienischen Sternenhimmel starrt. Unser Cinqueterre-Urlaub war das reine Vergnügen. Maike holte mich vom Examen ab, direkt in den Nachtzug nach Genua – nichts wie weg. Alles hatte sie vorbereitet, die Fahrkarten gekauft, die Würfel für die Nachtfahrt eingesteckt, den Zeltplatz ausgesucht – im Freundinnenkreis wird Maike auch «Reisemarschall» genannt. Ob wir nachts Scheckkartendiebe mit großem Geschrei in die Flucht schlugen oder am Strand aufdringliche Machos – nie verlor sie diese Gelassenheit. Das war ansteckend. Wir lasen Krimis, quatschten endlose Nächte und Tage lang und ließen die Sonne auf der Haut tanzen. Und als die Ziege unsere Vorräte, die wir mühsam vom nächsten Dorf hierher geschleppt hatten, mitsamt der Einkaufstüte aufgefressen hatte, lachten wir gemeinsam. Bella Italia.

Ja, denke ich, mit Frauen ist es einfacher. Kein Mann hätte die Größe besessen, hysterisch zu kichern wie wir zwei, als wir zum fünftenmal an derselben Kreuzung in Poggibonsi vorbeifuhren – und den richtigen Weg nicht fanden. «Es geht hier nicht ab», beharrte ich noch beim vierten Anlauf, die Karte auf den Knien, «es muß weiter vorne sein.» Längst hätte Gezeter einer hoffnungsvollen Liebe oder langjährigen Beziehung auf Italiens Straßen ein schnödes Ende bereitet. Von unerquicklichen Diskussionen wie: «Frauen können keine Karten lesen» ganz abgesehen. Wir stellten eben erst nach dem fünften Turn fest, daß die Straßenkarte eher histo-

Nicht in Hollywood, nicht in Schweden, nicht auf Stromboli –
Ingrid Bergman auf einer Hochzeit in Ungarn

risch war, und schlugen uns querfeldein durch zum Ziel. Reisen ist Abenteuer.

Nicht immer geht das so schwerelos. Die Macken, die dich daheim als faszinierende Persönlichkeit erscheinen lassen, können unterwegs lästig werden wie Moskitos. Anette joggt täglich, mindestens jedoch jeden zweiten Tag. «V. I. Warshawski tut es, Joschka Fischer tut es, und ich tu es auch», pflegt sie kokett zu sagen, bevor sie die Laufschuhe schnürt. Diese Konsequenz, diese Unerbittlichkeit gegen sich und andere, dieser lobenswerte Kampf gegen Schlaffheit und Müßiggang ringt mir zu Hause Bewunderung ab. In Tunesien führte es zum Eklat. Natürlich war in einem Land, in dem die Frauen den Schleier mit den Zähnen festhalten müssen, wenn sie nach dem Einkauf in beiden Händen Tüten schleppen, natürlich war hier nicht daran zu denken, in kurzen Hosen und ärmellosem T-Shirt durch die Wüste zu rennen. Schon der Gang durch den Souk in angemessener Kleidung glich einem Spießrutenlauf. «Kannst du nicht mal eine Woche aussetzen?» fragte ich ahnungslos, als Anette am zweiten Tag zu maulen anfing. «Nein, ich brauch die Bewegung.» «Geh doch schwimmen im Pool», sagte ich am dritten Tag, als die Flüche über die tunesischen Machos kein Ende nehmen wollten. «Das ist nicht dasselbe.» «Dann flieg halt heim», raunzte ich am vierten Tag genervt, worauf vom fünften Tag an Funkstille war. Reisen ist immer auch ein Flexibilitätstest.

Seit Jahrhunderten sind Menschen unterwegs in seltsame Länder, zu wunderlichen Völkern und zu sich selbst. Sie erobern fremde Länder wie Christopher Kolumbus, wandelen auf den Spuren fremder Dichter wie Simone de Beauvoir und Jean-Paul Sartre oder machen als Piraten die Meere unsicher wie Anne Bonny. Sie bezwingen Stürme, Vorurteile und eigene Ängste. «Reisen», sagte Thomas Mann, «ist das einzig taugliche Mittel gegen die Beschleunigung der Zeit.» Nur wir Normalsterblichen scheitern an Pickeln. Sie sprießten auf dem Rücken meines Nicaragua-Reisegefährten, sie waren der Schlußpunkt unter eine mühselige Reisegemeinschaft. Nicht nur, daß sich der Herr um nichts gekümmert hatte, weder Spanisch gelernt noch Adressen rausgekramt oder sich Gedanken um die Route gemacht. Als wir dort ankamen, wußte er auch noch alles besser: Er dozierte über die politische Lage, interpretierte frei, aber beharrlich die spanischen Gesprächspartner und wußte sogar, wo die Fähre nach Corn Island abfuhr. Selbst als wir morgens um fünf Uhr allein und ohne Schiff am Hafen standen, hörte er nicht auf, selbstgefällig zu grinsen. Er grinste immer, egal, ob

> «Bahnhöfe und Hotelzimmer – ich bin sehr glücklich. Ein unschätzbares Gefühl: Nicht hier und nicht da, sondern einfach fort zu sein.»
>
> **Franziska zu Reventlow**

die Kakerlaken übers Bett liefen oder uns bettelnde Kinder verfolgten. Meinen Ärger lächelte er genauso weg wie meine Unsicherheit, mich in diesem Macholand zurechtzufinden. Als er mich bat, seinen pickligen Rücken mit Sonnenschutz zu versehen, war Schluß. Nicht unter Drogen hätte ich ihn angefaßt. Er lächelte nicht mehr, als er den Bus in die andere Richtung nahm. Reisende soll man nicht aufhalten. Heute ist der Lächler übrigens mein Lieblingsfeind, den ich, wo immer wir uns treffen, erfolgreich beleidige. Er mag kein idealer Reisegefährte gewesen sein, aber er ist ein würdiger Gegner. Ich pflege nicht nur meine Freundschaften.

Einmal so reisen wie Isabelle Eberhardt. 20 Jahre jung war die Tochter einer russischen Emigrantin, als sie in Tunesien und Algerien das Abenteuer suchte. Ein Foto von 1897 zeigt die Autorin zahlreicher Reisetagebücher als selbstbewußte junge Frau, die in ihrer tunesischen Tracht, einen Dolch im Gürtel, mit einer Mischung aus Stolz und Verachtung über den Betrachter hinwegsieht. So möchte ich unterwegs sein, auf zu neuen Ufern, sich mit Haut und Haaren in ein Land stürzen, sich einlassen wie sie auf Algerien, dort leben, lieben, umherziehen ohne Rast: «Lauf! Geh! Nur zum Bersten hält die Wolke inne, und nur zum Weinen bleibt der Abenteurer stehn!» schrieb sie.

Ach. Keine Pickel. Kein Joggingstreit. Kein Sonnenstich. Gut, ich würde nicht unbedingt zum Islam übertreten wollen, schließlich hat man da als Frau genauso wenig zu melden wie in der katholischen Kirche. Und immer in Männerkleidern zu reisen, fände ich auch lästig. Vielleicht doch eher wie Brigitte Reimann, die Anfang der sechziger Jahre voller Hoffnung und Illusionen in die UdSSR reiste und in ihrem Tagebuch schwärmte: «Hier fanden wir auch, was wir in der Steppe noch vermißt hatten: ein starkes Selbstbewußtsein, Exaktheit, gründliches Denken, das Wissen dann, daß sie hier in Sibirien Weltgeschichte machen oder, wie einer es ausdrückt, den 3. Teil des ‹Russischen Wunders› schreiben.» Die verletzliche Unbedingtheit, die begierige Lust auf neue Pfade ...

Manchmal gelingt das ja. Dann erzählt die Wohngenossin, wie sie den Schnee am Kilimandscharo berührt hat. Daß jährlich Tausende Touristen dasselbe tun, stört sie nicht. «Du hast ja keine Ahnung, wie dünn die Luft da oben wird», sagt sie mit dem Stolz der 6000er-Bezwingerin. Als Reisevorbereitung joggen wegen Kondition, dort drei Tage gemächlicher Aufstieg, bis die Basishütte auf 5000 Meter erreicht ist. Da konnte sie kaum mehr atmen und fragte sich, wie sie in wenigen Stunden, um Mitternacht, den steilen Aufstieg über das Geröllfeld schaffen sollte. Sie schaffte es, auch dank der Hilfe der Guides, die sie von hinten schoben, als sie schlappmachen wollte. «Hakuna matata», trösteten sie, und seit Disneys «König der Löwen» wissen wir, daß das «Kein Problem» heißt. Und als Maike völlig fertig oben am Gipfel saß, steckten sich die Guides eine Zigarette an und sangen das Kilimandscharo-Lied, während die aufgehende Sonne die Steppe ganz weit unten in leuchtendes Licht tauchte. Da wußte sie: Hier lernen die Gedanken fliegen. «Du hättest bestimmt geweint», sagt sie kichernd. Ich werde es bald wissen: Die Reise ist schon geplant.

Oft reicht es leider nur zu unfreiwilligen Abenteuern. Da habe ich mich unter sachkundiger Führung eines bewaffneten Guides mit anderen Abenteuerlustigen zu Fuß in die afrikanische Steppe gewagt, um den Wilden Fünf ohne die schützende Blechhaut eines Autos ins Auge zu blicken. Um fünf Uhr in der Frühe sind wir los. Schon nach zehn Minuten scheucht uns der Guide hinter einen Baum, weil er einen Büffel riecht – man ahnt gar nicht, wie klein so ein afrikanischer Baum sein kann, wenn er Schutz geben soll. Auch das Nashorn wittert genervt in unsere Richtung, als wir es beim Schlammbad überraschen. «Don't move», flüstert der Guide mit nervöser Stimme. Ich denke nicht daran, ich bin gelähmt vor Angst. Als dann noch die Sonne unbarmherzig auf die Großwild-Touristen scheint, macht mein Kreislauf schlapp, und ich sinke wie eine Dame des 19. Jahrhunderts in die Steppe. Übrigens sehr zum Mißfallen der Warzenschweinfamilie, die laut quiekend aus ihrem Versteck flüchtet. «Woman with lady-problems», funkt der Guide einen Jeep herbei, der mich aus der

Wildnis ins Camp zurückkutschiert. Dort wird die Frau mit den Ladyproblems von jedem angesprochen: Den Funkverkehr kann jeder abhören. Peinlich, doch daheim hatte ich einiges zu erzählen. Auch unrühmliche Erfahrungen erhalten nach der Heimkehr ihren Glanz. Sie sind überstanden und zu Geschichten geworden. Auch ein Grund zu reisen. Davon gibt es viele. Die Suche nach Abenteuern ist einer davon. Und manchmal willst du einfach weg. «Bahnhöfe und Hotelzimmer – ich bin sehr glücklich. Ein unschätzbares Gefühl: Nicht hier und nicht da, sondern einfach fort zu sein», schreibt Franziska zu Reventlow. Fort vom Examen, weg vom Alltag. Man kann sich auch bilden wie Goethe, Brigitte Reimann oder Simone de Beauvoir. Du kannst dich durch die Speisekarte des Landes essen, wie Maike, die auf den Philippinen auch vor gekochtem Hund nicht zurückschreckte.

Und manche sind ganz versessen darauf, die Seele baumeln zu lassen. Grauenhafter Ausdruck. Auf meiner Haßliste nichtauszusprechender Wörter steht diese Redewendung ganz oben, dicht gefolgt von «Wie geht's?» und «Schönes Wetter heute». Die Seele baumeln lassen, das muß man sich mal vorstellen. Kann man aber nicht, ich jedenfalls nicht. Mir fällt da höchstens FKK-Urlaub auf Sylt ein samt der verordneten Freiheit in den Sandburgen, wo alle textilfrei und verklemmt vor sich hin baumeln. Seele baumeln lassen, das ist Zwang zur Erholung, Druck zur Leichtigkeit. Welcher Urlaubsneurotiker hat diesen Ausdruck eigentlich erfunden? Nein, ich will es nicht wissen, ich müßte ihn erschießen. Jedenfalls würde ich nie mit jemandem in Urlaub gehen, der genau das Unaussprechliche will.

Manchmal reisen wir, um zu vergessen. «An jeder Ruine, von Karthago bis zum Limpopo, von Rom bis an die Ostsee, und desgleichen in jedem Kurort, jedem Seebad, in jeder überlaufenen Sommerfrische und an vielen von den unbedeutenderen Heilquellen kann man große Frauen und kleine Frauen sehen, aschblonde Frauen und ebenholzschwarze, die klagen und kichern und zu vergessen suchen», schreibt Djuna Barnes und beschreibt so wunderbar sarkastisch die Frau, die beschließt, in einem grünen Kleid und mit dem spanischen Torero zu vergessen. Maike beschloß, Manfred, die Muräne, den Kerl aus Rumänien, der sich so feige aus ihrem Leben gestohlen hatte, in Mallorca zu vergessen. Wo konnte das besser gehen als unter der heiteren Sonne der Mittelmeerinsel? Mit einer neuen Liebe verblaßt die alte schneller, als du braun wirst. Leider waren keine geeigneten Männer auf dieser von Ballermännern und Radlerhosenträgern überlaufenen Insel. So vergaß die Wohngenossin beim Tagebuch- und Postkartenschreiben. Es hat funktioniert.

Maike liebt übrigens Postkarten – vor allem, wenn sie in ihrem Briefkasten liegen. «Da du vier Wochen weg bist, bestehe ich auf zwei», sagt die Wohngenossin, als sie mich nach Thailand verabschiedet. Ich finde Postkarten lästig. Das Foto soll originell, der Text witzig sein, und das ist harte Arbeit. Wer will schon im Urlaub arbeiten? Ein Glück, daß es Mutter und Hilde gibt. Die wissen nämlich genau, was sie wollen. Mutter bevorzugt eine Sammelbildkarte von möglichst vielen Orten und eine genaue Routenbeschreibung, damit sie auf dem Finger im Atlas mitreisen und erzählen kann, wo sich ihre Tochter gerade wieder rumtreibt. Optimal läuft es, wenn der Briefträger die Karte vorher gelesen hat. Dann wird sie beim Einkauf im Dorf garantiert darauf angesprochen und kann die Route runterrattern. Auch so kann man reisen.

Und Hilde verabschiedet alle abreisenden Freunde mit den Worten: «Vergiß meinen Mann nicht.» Der Papst aus Italien, Che Guevara aus Kuba, der katalanische Bauer aus Barcelona und der Tanga-Schönling aus St. Tropez – sie alle hängen traut vereint an Hildes Badezimmertür. Immer wenn sie in der Wanne liegt, läßt sie einen wohlgefälligen Blick über ihre Männersammlung gleiten. «Das entspannt so sehr wie ein ordentlicher Kopfstand», behauptet die Yogajüngerin. Ob profan, obszön, neckisch oder abgeschmackt – Hilde liebt sie alle. Die Mischung macht's. Sogar den nackten Jüngling aus Teneriffa, der zwei quietschgelbe Tennisbälle vor sein bestes Stück hält und im Kartentext säuselt: «I love ballgames.» Den Grundstein für ihre Sammlung hat übrigens Hildes 70jährige Tante gelegt, die mit einem gutgebauten, halbnackten Inselbewohner neckisch aus Hawaii grüßte. Womit bewiesen wäre, daß auch Frauen über 70 noch einen Sinn für die wesentlichen Dinge des Lebens haben.

Ach ja, die Liebe. Wir brauchen keine Trendforscher, um zu wissen, daß Zärtlichkeit, Liebe und Erotik auf der Urlaubserwartungsliste ganz oben stehen. Wer mit dem Liebsten fährt, träumt von Romantik unter Palmen. Bei großer Liebe genügt auch Italien. Wir hatten uns ein kleines Häuschen in der Toskana gemietet, «Ai venti» hieß es, und laut Prospekt war es wundervoll gelegen. Davon habe ich allerdings wenig mitbekommen, denn verhängnisvollerweise war das Schlafzimmer so groß und hell und einladend mit seinen glitzernden Kristallüstern und riesigen Messingbetten, daß es schlechterdings unmöglich war, aufzustehen. Hatte ich mich endlich durchgerungen, küßte mich der Geliebte auf den Nacken, und alle guten Vorsätze waren dahin. War er schon mit einem Fuß aus dem Bett, genügte es völlig, die Hand über seinen Hintern gleiten zu lassen, und er sank zurück. Wir haben gekichert, geküßt, geliebt, geschlafen, geredet – nicht immer in dieser Reihenfolge und nicht alles in der gleichen Intensität. Nach dem dritten Tag trieb uns der Bärenhunger aus den Laken: Für einen Teller Spaghetti hätte ich alles gegeben. «Alles?» fragte der Geliebte scheinheilig. Na ja, fast alles. Leider waren die Läden schon zu, und aus einem unerfindlichen Grund hatten alle Restaurants der näheren Umgebung geschlossen. Der Feinkosthändler, den wir in unserer Hungersnot rausklingelten, erbarmte sich. Italiener lieben die Liebe. Außerdem ahnte er wohl, daß er das Geschäft seines Lebens machen würde. Wir kauften Berge von Frutti di mare, eingelegtem Paprika, Sardellen, Funghi, die ganzen Vorspeisenleckereien, die die italienische Küche hergibt. Dazu viele Flaschen guten Lungarotti. Bei dem Gelage im Garten habe ich das Haus auch einmal von außen gesehen. Danach waren wir so erschöpft, daß wir wieder unter die Kristallüster mußten. In meiner Erinnerung hat das Haus nur ein Zimmer. Im «Ai venti» wurde mir klar, daß man den Mann fürs Leben auch nach seinen Qualitäten als Urlaubsbegleitung aussuchen muß.

Der letzte Grund zum Reisen aber ist die Rückkehr. Maike hat den Willkommenssekt schon kaltgestellt und ein Essen gezaubert. «Ich wünsche mir Hotdog, eine Tasse echten Kaffee, ich wünsche mir Pfannkuchen mit Ahornsirup», träumte die Amerikanerin Djuna Barnes in den zwanziger Jahren, als sie aus Paris nach New York zurückkehrte. Auch mich gelüstet dann nach Vertrautem. Ich wünsche mir Königsberger Klopse, zerkleinere die Fleischknödel und erzähle von erlesenen Köstlichkeiten in Thailand, von goldenen Buddhas und dem Grauen in Patpong. Aber eigentlich interessiert mich nur das eine: «Und was gab's hier?» Die Wohngenossin, die auf dieses Stichwort nur gewartet hat, berichtet von politischen und privaten Skandalen, die uns bis in die frühen Morgenstunden beschäftigen.

Man sollte nicht glauben, was alles ausgerechnet dann passiert, wenn man mal für ein paar Wochen weg ist.

Geliebt,

Über Mütter

gelebt,

und die Kinderfrage

und jetzt?

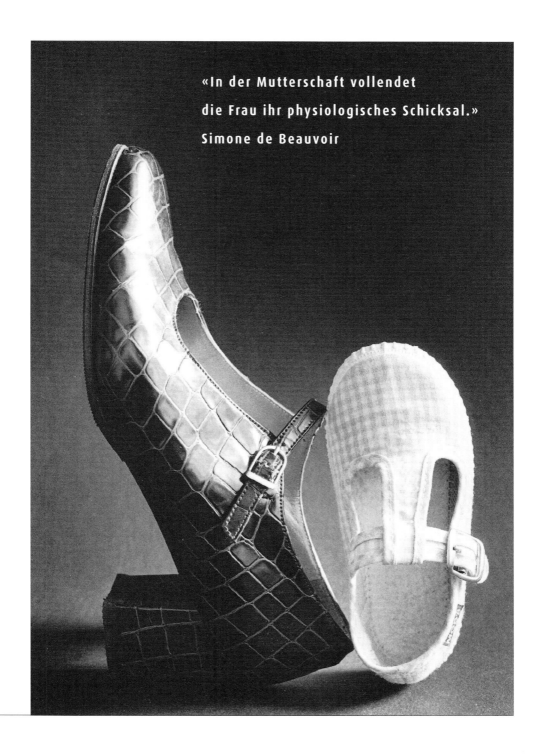

Eigentlich wollte ich nur tanzen auf dieser Party, tanzen bis zur Bewußtlosigkeit. Kein Smalltalk, keine guten Gespräche, keine Probleme. Einmal nicht reden, sondern stumm rumtoben, nur ich und die Musik, merken, daß an diesem Kopf noch ein Körper hängt. Doch dann kam alles anders. Kaum drinnen, zerrt mich ein Vierjähriger («Ich heiße Max, und wie heißt du?») an den Küchentisch und nötigt mich, «Henriette Bimmelbahn» vorzulesen. Tanzen ade. Den Vorschlag «Kinder an die Macht» halte ich für keine gute Idee. Die Max-Mutter, eine Frau, die gelernt hat, mit ihrer Stimme Kindergeschrei zu übertönen, setzt sich dazu, plaudert ohne Punkt und Komma einfach drauflos. Über die lustigen Abenteuer ihrer drei anderen Sprößlinge und die witzigen Späße, während sie gleichzeitig versucht, Max daran zu hindern, mir seinen Kakao über die beste Bluse zu kippen.

Mir ist diese laute Fröhlichkeit superglücklicher Mütter unheimlich, diese patente Bodenständigkeit und selbstzufriedene Sicherheit hat etwas Aggressives. Ich warte auf die Frage, die so sicher kommt wie der Kaiserschnitt bei Steißlage und immer mit «und» eingeleitet wird. Voilà! «Und wann», fragt die Max-Mutter sanft und vorwurfsvoll, nachdem sie ihr gesamtes Mutterglück über mir ausgeschüttet hat, «und wann kriegst du endlich Kinder?» Diese Missionarinnen sind die beste Werbung für Anti-Baby-Pillen.

Ich höre den Aufschrei aus tausend Frauenkehlen. Nein, ich hasse Kinder nicht. Zumindest nicht alle und auch nicht mehr oder weniger als manche Erwachsene. Ja, ich weiß, nicht alle Mütter sind so penetrant zufrieden. Es gibt inzwischen coole, solche, die das Leben nicht mit Bananenbrei und Karottenmus schönkleistern. Die es nicht zulassen, daß ihre Hormone sie zu debil grinsenden Wesen machen. Die einfach Mensch bleiben, manchmal sogar Frau. Wie meine Jugendfreundin Anne, die ich einmal im Jahr treffe. Klar, daß wir dann nicht um den heißen Brei rumreden. «Mensch, ich hätte mal wieder Lust auf einen richtig knackigen Mann», sagt sie abends in der Kneipe und schaut sich munter um. Wir sprechen über Seidennachthemden, die sich auf der Haut so unvergleichlich geil anfühlen, über Sex im allgemeinen und in den Zeiten der Mutterschaft im besonderen und darüber, endlich mal wieder gemeinsam ins Ballett zu gehen wie früher. Kein Wort über ihre Tochter. «Kann Lena jetzt schon blind über umgestürzte Bäume balancieren?» erkundige ich mich beim Abschied höflich. Mütter freuen sich, wenn man sich für die Heldentaten ihrer Nachkommenschaft interessiert. Anne nicht: «Hör bloß auf, Heuchlerin. Das kleine Monster stiehlt mir ungefähr 24 Stunden am Tag. Ich bin froh, wenn sie die kostbaren drei, die ich mir heute mühsam freigeschaufelt habe, nicht auch noch bestimmt.» Übrigens: Anne stellt die beliebte Und-Frage nicht.

Die stellt sich jede Frau ungefähr 123mal in ihrem Leben schon selbst. «Vor dem ersten Kinderschrein will ich mich erst mal selbst befrein», sang Nina Hagen, und damit ist die Sache für die Phase bis Mitte Zwanzig schon mal beantwortet. Dann kommt der Job, in dem man sich bewähren will, und das Nein mit 30 ist klar. Mal fehlt der passende Kerl, und der Gang zur Samenbank erscheint dir zu mühsam, mal hast du zuwenig Geld, mal zuwenig Zeit. Und schwupps bist du 35 und automatisch Spätgebärende. Um die 80 schaffen es höchstens Charlie Chaplin oder Anthony Quinn, Eltern zu werden. «Und wann kriegst du Kinder?» nervt die eigene Mutter immer öfter, dabei haben sie die Brüder schon reichlich mit Enkeln bedacht.

Ich gestehe: Ich mogle. Winde mich um die Frage und noch mehr um die Antwort herum. Meine Arbeit frißt mich mit Haut und Haaren, warum also noch ein Baby? Meine Freundinnen sind anstrengend genug, warum also ein Kind? Ich bin nicht auf Sinnsuche, und meinen Schmuck vermache ich der Caritas. Außerdem ist es keinesfalls sicher, ob es nicht doch ein Junge wird, und was will der dann mit meinem Schmuck? Doch mit 35

rückt die Stunde der Wahrheit immer näher. Keine Ahnung, was ich dann tue. Vielleicht immer noch so, als ob nichts wäre? Ich bin ein Postponer.

Früher habe ich Männer wie Frauen mit radikalen Erziehungsvorstellungen geschreckt. «Ich trage das Kind neun Monate aus, wenn du die nächsten neun Monate die Versorgung übernimmst», eröffnete ich mit 25 dem damaligen Lebensabschnittsgefährten. Ich begründete diese Haltung mit der gleichwertigen Bindung, die ein Kind zu Mutter und Vater haben sollte, und damit, daß der Schwangerschaftsvorsprung nur durch aufopferungsvolle männliche Hingabe in der ersten Prägungsphase nach der Geburt einzuholen sei. Der Kinderwunsch des Herrn kam nie wieder zur Sprache. «Dann ist es besser, du bekommst keines», sagte geschockt ein Bekannter, fest das Wohl des Kindes im Auge. Seine eigene Frau hatte sich gerade in den Erziehungsurlaub verabschiedet, um das gemeinsame Kind großzuziehen. Ihn entsetzte diese Gefühlskälte, die er an mir festzustellen glaubte – mindestens genauso wie der Gedanke, selbst neun Monate Kinderpopos putzen und Fläschchen auskochen zu müssen. «Aber dieses wunderbare Gefühl, wenn du stillst?» insistierten die natürlichen Mütter mit festem Blick auf weibliche Körperlichkeit und Ganzheit. «Darauf kann ich verzichten», antwortete ich forsch, «schließlich habe ich dann schon die wunderbare Erfahrung einer Schwangerschaft und das unvergleichliche Erlebnis einer Geburt hinter mir.»

Ich habe schon damals geahnt, was mir Mütter immer wieder bestätigen: Mit dem Stillen tauchst du ab in eine andere Welt. Wer Monate in dieser wabernden Muttersuppe kocht, ist reif für die Insel und untauglich für den Beruf. Jedenfalls war mir das geballte Unverständnis meiner Umwelt sicher, und ich war froh, daß mich nie einer beim Wort genommen hat. Wahrscheinlich tut's mir am Ende ein bißchen leid, obwohl ich's nicht bereue. Brigitte Reimann beschreibt sich in einem Brief an eine Freundin als eine Frau, die «eine Menge Männergeschichten hatte, eine Menge Dummheiten beging – die sie bis heute nicht bereut –, viermal heiratete, kein Kind wollte – was sie heute ein bißchen bereut –, weil sie Schreiben für wichtiger hielt». Aber ich habe mich ja noch nicht entschieden.

Kinder ja oder nein – ein beliebtes Streitthema im Freundinnenkreis. Während ich allen tickenden Uhren zum Trotz noch immer den zaudernden Hamlet gebe, ist Hilde längst mit sich im reinen. Hilde liebt ihre Arbeit und ihr Leben so, wie es ist: kinderlos. «Meine Mutterinstinkte sind unterentwickelt», bekennt sie, den Mann ihrer Träume, den sie womöglich gerade gefunden hat, will sie nicht teilen («Ich neige zu Eifersucht»), und überhaupt: «Wenn das egoistisch ist, dann bin ich's halt. Die Rente wäre auch ohne meine Verweigerung nicht sicher.» Hilde hält es mit Robert Musil, der Kinder sowenig mochte wie Schnecken, und ist wild entschlossen, ihren 35. Geburtstag mit 35 geladenen Verehrern zu feiern. Da stören Pampers nur.

Die Wohngenossin grummelt. Maike hat mit der neuen Liebe auch ihren Kinderwunsch wiederentdeckt und liebäugelt verschärft mit dem Gedanken, sich als Spätgebärende zu etablieren. Denn der Liebste hat bereits Kinder, ein typischer Fall von Patchwork-Familie also deutet sich hier an. Die kleine Tochter zickt herum wie eine entthronte Primadonna, geht garantiert nicht schlafen, wenn sie merkt, daß diese fremde Frau mit ihrem Papa ins Bett will. Sie buhlt eifersüchtig um die Gunst des Vaters, der sich von der schwarzgelockten Schönheit gerührt um den Finger wickeln läßt, während Maike blöd rumsteht. «Warum willst du dir das antun?» fragt Hilde. Doch gegen Hormone läßt sich schlecht argumentieren.

> «Man kann oft genug beobachten, daß gerade Frauen, die viel geliebt und gelebt haben, die besten Mütter sind.»
>
> **Franziska zu Reventlow**

Hallo, eine Durchsage: Kinderlosigkeit ist keine tödliche Krankheit.

Ansonsten verlaufen unsere Diskussionen recht friedlich. Das ist in Sachen Kinder eher die Ausnahme. Vor allem Frauen, die Mutterschaft für das größte Glück auf Erden halten, können verdammt eklig werden. Meiner Jugendfreundin Anne etwa setzten ihre drei feministischen Mitbewohnerinnen heftig zu. Wer den weiblichen Zyklus als innere Macht der Frauen sieht, für den ist ein Kind die Erfüllung des Frauseins. Alle waren sich da einig – außer Anne. Ein Mann dazu? Muß nicht sein. Schließlich war frau ja emanzipiert. Aber ein Kind, möglichst eine Tochter (bloß kein kleiner Chauvi, iiih!), gehört einfach zu den höheren Weihen des Feminismus. Und außerdem hat auch Jodie Foster ein Kind ohne Mann, Madonna hat ihren Fitneßlehrer auch nur zu Zeugungszwecken gebraucht und Isabella Rossellini gar als Single ein Kind adoptiert. «Antonias Welt» war in Annes WG Pflichtfilm. Alle hatten ihn gesehen und schwärmten für die supercoole Tochter. Die hatte sich einen hübschen, klugen, netten Samenspender ausgesucht und erfolgreich verführt. Nach vollzogenem Geschlechtsakt sprang sie forsch aus dem Bett und schwang sich, sehr zum Erstaunen des Kerls, zum Handstand an die Wand – damit die kleinen Spermien auch wußten, wohin sie zu kriechen hatten. Kind ja, Mann nein.

Derweil hielt Anne es lieber andersrum und schlich sich bei heimlichen Liebschaften unbemerkt aus dem Haus, getreu der Devise: Freundinnen muß man nicht mit allen Widersprüchlichkeiten des Lebens belasten. Doch als die drei Mitbewohnerinnen insgesamt sieben Kinder in die Welt gesetzt hatten, sich längst mit Mann (ja, den gab es dann plötzlich doch) ins Reihenhaus zurückgezogen hatten und auch Jungs als Kinder akzeptierten, als der Druck größer und die Und-Frage häufiger gestellt wurde, kapitulierte Anne. Und wurde schwanger. «Man kann oft genug beobachten, daß gerade Frauen, die viel geliebt und gelebt haben, die besten Mütter sind», schreibt die Künstlerin Franziska zu Reventlow, Alleinerziehende im Schwabing der Jahrhundertwende. Das trifft auf Anne unbedingt zu. Der neuen Variante der Und-Frage widersetzt sie sich bisher erfolgreich. Auf «Und was ist mit einem Geschwisterchen?» antwortet sie nüchtern: «Ich habe meine Pflicht getan.»

Hallo, eine Durchsage: Kinderlosigkeit ist keine tödliche Krankheit. Doch sie provoziert, vor allem Menschen, die Kinder haben. Diese süßen, hoffnungsfrohen Eizellen, die alle vier Wochen wieder die Eileiter herunterklettern – vergeblich. Deren freudvolle Verschmelzung mit Spermien zyklisch verhindert wird – wie gemein. Dieser freiwillige Verzicht auf handgemalte Kinderzeichnungen und klebrige Küsse, von der körperlichen Erfahrung einer Schwangerschaft ganz zu schweigen. Wenn diese kinderlosen Frauen wenigstens unfruchtbar wären, dann wäre ihnen das geballte Mitleid überzeugter Mütter und von Erzbischof Dyba sicher. «O Gott, die Arme, wie schrecklich», höre ich sie flüstern. Doch wer es wagt, freiwillig auf dieses wunderbare Geschenk der Natur zu verzichten, erntet Unverständnis. Kinderlos darf keine Frau glücklich sein. «Das wirst du später bereuen», zischen die Max-Mütter dieser Welt im Chor. Und das blöde ist: Womöglich haben sie recht.

Hilde läßt sich nicht beirren. «Simone de Beauvoir war kinderlos glücklich», sagt sie, «soweit man mit Sartre überhaupt glücklich sein konnte. Doris Lessing hat ihre Kinder verlassen, um glücklich zu werden. Und was ist mit Sylvia Plath? Die wurde wahnsinnig über dem Kindergeschrei.» Anette kontert mit ihrer Lieblingsmalerin Frida Kahlo, mit der sie viel gemeinsam hat: die Liebe zur Kunst, die herbe Schönheit und den üppigen Haarwuchs an nicht unbedingt angesagten Stellen, auf der Oberlippe oder an den Augenbrauen. Frida Kahlo hat zeitlebens darunter gelitten, daß sie wegen eines Unfalls in ihrer Jugend keine Kinder bekommen konnte. Aber mal ehrlich: Wer will schon genetisch mit dem dicken Diego Rivera verschmelzen? «Frida wollte», sagt Anette trotzig, «eure Meinung interessiert da herzlich wenig.» Anette liebt Kinder, für ein eigenes Kind hätte sie ihre Karriere als Konzertflötistin an den Nagel gehängt und nur noch Blockflötenunterricht gegeben.

Als klar war, daß sich durch ihre verklebten Eileiter nie wieder ein Ei würde zwängen können, wurde Anette praktischerweise eine Vaterschaft angetragen. Ihre Freundin Gabi war schwanger ohne Mann, Anette wollte ein Kind, im gleichen Haus wohnten sie sowieso – sie nahm an.

Anette hat die kleine Maren gewickelt, wenn die Windel voll war, hat gewacht und den kleinen Bauch gestreichelt, wenn der Magen verstimmt war und die Mutter Schlaf brauchte, sie hat getröstet, wenn der Nachbarjunge den Sandeimer geklaut hat. Maren ist mit ihren acht Jahren ein ausgesprochenes Vaterkind und belohnt Anette mit rührenden Kinderzeichnungen und herzzerreißenden Liebeserklärungen. «Du bist die schönste und beste Anette auf der Welt», steht auf dem Zettel, den sie morgens, auf dem Weg zur Schule, vor Anettes Tür legt. Mindestens einmal die Woche vertreibt die Kleine alle Liebhaber aus Vaters Bett, denn mittwochs darf sie bei Anette übernachten. Dann erzählt sie von ihrem Streit mit der Mama («Die weiß immer alles besser»), daß der neue Freund der Mutter ganz in Ordnung ist («Aber du bleibst mein Papa») und der kleine Bruder manchmal ganz blöd. In verschwörerischer Gemeinsamkeit schlafen beide selig ein. Kinderlosigkeit heißt nicht, ohne Kinder zu leben.

Warum also diese erbitterten Gefechte zwischen Müttern und Nichtmüttern? «Du hast schon früher immer dramatisiert», sagt meine Jugendfreundin Anne, «ich bin nicht im Krieg mit dir.» Nein, aber alle Max-Mütter dieser Welt. Und davon gibt es eine Menge. Sie haben sich für Kinder entschieden, okay. Aber warum müssen sie deshalb gleich in einen Feldzug gegen alle Andersgläubigen ziehen? Die Zweiflerinnen bekehren? Sie sind doch auch nicht zu ihrem Glück gezwungen worden. Oder dazu, ihren Beruf aufzugeben. Ist doch freiwillig, oder etwa nicht? Ich fühle mich verfolgt, genötigt, bedrängt, manchmal von wildfremden Müttern: Wann entscheidest du dich endlich, und zwar richtig? Ich bin ihr Opfer, Hilde ist das rote Tuch. «Warum?» fragt Hilde. «Warum meinen diese Max-Mütter immer, daß Kinder das Sahnehäubchen auf dem Leben sind?» Die Feindbilder sind klar.

Mütter hingegen fühlen sich von Geschlechtsgenossinnen wie mir allein gelassen mit ihren Problemen. Sie müssen den Alltag organisieren, dürfen ihre Kinder weder zu Machos noch zu Püppchen erziehen, sollen ihren Beruf ausüben und nach zwölf Stunden Kindergeschrei noch interessante Gespräche führen. Von Männe verwöhnen ganz zu schweigen. «Wir sind

«Vor dem ersten Kinderschreien will ich mich erst mal selbst befreien» – Nina, Cosma Shiva und Evamaria Hagen

keine Legehennen», sagt Anne, «wir können noch denken, und zwar nicht nur an Kinder.» Manchmal allerdings ist sie so erschöpft, daß sie fast am Tisch einschläft. «Natürlich nicht, wenn ich einmal im Jahr mit dir ausgehe, da reiß ich mich zusammen. Manchmal will ich mich aber gar nicht zusammenreißen, da will ich einfach müde sein dürfen.» Maureen Freely hat das Unverständnis der «Kinderfreien», so nennt sie die Nichtmütter, zynisch auf eine Formel gebracht: «Ich denke nicht, also bin ich Mutter.» Nein, das kann's auch nicht sein. Ich plädiere für friedliche Koexistenz.

Vielleicht sollten wir mal den Blick auf die nicht ganz unbeteiligten Väter richten, bevor wir uns zerfleischen. Für die bedeuten Kinder keineswegs einen Einbruch im Beruf. Da geht's munter voran, denn noch immer ist es meist die Frau, die Erziehungsurlaub nimmt und sich um den Nachwuchs kümmert. Die Männer haben die Sorge nicht, wie, um Himmels willen, sie es schaffen sollen, Kinder, Beruf und Beziehung unter einen Hut zu kriegen. Im Gegenteil. Mit der Mutter ihres Kindes kriegen sie noch eine astreine Haushälterin geliefert, die auch ihnen regelmäßig das Essen auf den Tisch stellt.

Gut, es gibt ein paar Ausnahmen. Männer, die daheim bleiben, um die Kinder zu erziehen, die fürs Kinderhortfest die Kuchen backen, die Rotznasen putzen und sich auch sonst verantwortlich fühlen. Auch alleinerziehende Männer gibt es vereinzelt, und jeder von ihnen ist den Hochglanzmagazinen eine Reportage wert, wie alles Exotische eben. Dabei tun sie nur etwas, was unzählige Mütter unter Ausschluß der Öffentlichkeit tun: Kinder aufziehen. Die meisten Männer jedoch halten sich raus. Nur wenige gehen so weit wie Single Will Freeman in Nick Hornbys Roman «About a Boy». Er leiht sich ein Kind aus, als er merkt, daß er so bei attrakti-ven alleinerziehenden Müttern besser landen kann. Auch eine Möglichkeit.

Kinder gibt es übrigens auch in meinem Leben. Klaus hat mich zur Patentante gemacht. Klaus ist mein bester Freund, der jetzt weit entfernt am anderen Ende Deutschlands wohnt. Wir haben gemeinsam Putz- und Einkaufsdiskussionen in der Wohngemeinschaft überstanden, wir haben uns beim Doppelkopf gezofft, bis die Fetzen flogen («Warum hast du die Kreuzdame nicht früher gespielt, du Blödmann?») und waren nie zusammen im Bett. Das verbindet. Ich konnte ihn doch schlecht verlassen, nur weil er beschlossen hatte, Fanni in die Welt zu setzen. Ich nahm an. Zum

Geburtstag schicke ich ein Päckchen oder komme selbst. Was ganz praktisch ist, weil ich dann mit Klaus abends noch ein, zwei Flaschen Rioja köpfen kann. Ich bin keine perfekte Patentante, schon deshalb, weil ich Termingeschenke hasse. An Weihnachten und Ostern läuft bei mir nichts. Wenn mir allerdings während des Jahres ein supertolles Pferdebuch über den Weg läuft, dann kriegt Fanni ein Päckchen, «weil heute der 29. Juni ist». Ich hoffe da auf die Vermittlungstätigkeit des Vaters. Einmal wurde ich bei meinen Besuchen mit dem Pferd von Barbie konfrontiert, einer Plastikscheußlichkeit mit rosaroter, bodenlanger Mähne und Schweif. «Schön, nicht?» sagt Fanni verträumt und hält mir das Monster stolz unter die Nase. «Absolut grauenhaft», rutscht es mir unpädagogisch heraus. Nachdem die Tränen getrocknet sind und ich versprochen habe, zu den richtigen Pferden beim Bauern mitzugehen, schleiche ich zu ihrem Vater und bekenne: «Klaus, ich bin deiner Tochter eine schlechte Tante.» «Quatsch», meint der trocken, «Kinder müssen mit der Wahrheit umgehen lernen.» Fanni jedenfalls hat mir mit einem Wachsstiftgemälde von drei Pferden mit rosa Mähne verziehen. Ich habe es aufgehängt.

Maike hingegen ist den halbwüchsigen Töchtern ihres Bruders eine Supertante. Sie schleppt die Mädchen eine Woche nach London und streift durch Diskos, Wachsfigurenkabinett und Musikgeschäfte, schenkt ihnen die neueste CD der hipsten Boygroup und begleitet die kreischenden Mädels sogar ins Konzert. Klar, daß sie auch eine vielbemühte Klagemauer bei Liebeskummer aller Art ist, wenn der süße Nachbarsjunge nicht anruft, obwohl er immer so guckt, oder nicht mehr anruft, weil er jetzt mit der blödesten Kuh der ganzen Schule rummacht. Diese tränenreichen Sitzungen enden stets mit einem exzessiven Orangensaftgelage. Und wenn die Gläser aufeinanderklingen, spricht Maike todernst den Trinkspruch nach, den die Getröstete mit der ganzen Unschuld Zwölfjähriger trotzig ausbringt: «Sieben Jahre guter Sex.» Keine Frage, daß sich Tante und Nichte dabei tief in die Augen gucken.

Wozu eigentlich ein eigenes, frage ich mich, immer noch auf der Suche nach der richtigen Entscheidung. Sind doch auch ganz nett, die Kinder der anderen. Und außerdem leben wir anderen, wir Kinderlosen, auch nicht einsam und allein vor uns hin. Das hättet ihr wohl gern, Max-Mütter. Wir mögen keine eigene Familie haben, dafür haben wir Freunde, richtige Freunde, die nicht bei der kleinsten Bildstörung auf der Flucht sind. Mit denen du je nach Bedarf über die Nato oder über die schönste Balkonpflanze diskutieren kannst. Der hintersinnige Eigenbrötler, der sich inmitten von Büchern verschanzt, gehört ebenso dazu wie die unbeständige Chaotenfrau. Wir haben keine Masern, aber andere Probleme zuhauf. Wir schauen am Karfreitag um Punkt 15 Uhr Monty Pythons «Das Leben des Brian» auf Video und gedenken so der Kreuzigung Jesu. «Nein, ich kann es nicht auf 18 Uhr verschieben, lies die Bibel, und du weißt, warum», sagt der Freund und ehemalige Oberministrant. Wir diskutieren bis weit in die Nacht, joggen gemeinsam, machen zusammen Ferien. Unser Leben ist keineswegs freudlos und trist und auch nicht langweilig. Und es ist unser Kind.

Da sollen uns die anderen bloß mit der Einsamkeit des Alters kommen, ha. Glaubt ihr denn, daß eure Kinder euch einmal aufopferungsvoll zu Hause pflegen? Dann lieber gleich die Rentner-WG mit tiefergelegten Schwellen, damit man mit dem Rolli locker drüberkommt. Man kann auch mit Freunden alt werden. Wir haben zwar keine Kinder, aber auch manche Probleme nicht. Ich muß mir etwa keine Gedanken machen, ob mich meine Tochter einmal so haßt wie Maria Riva ihre berühmte Mutter Marlene Dietrich und deshalb gleich ein ganzes Buch vollschreiben muß. Ich kann mich mit meiner Mutter beschäftigen, die immer öfter anruft, um sich Sorgen zu machen. Nein, Mutter, ich hab mich noch nicht entschieden. Aber ich habe festgestellt, daß man auch ohne Kinder erwachsen werden kann.

Auch unter Müttern herrscht nicht nur die reine Solidarität. Da ist schon längst der Wettstreit darüber ausgebrochen, wer die Beste im ganzen Land ist. Ist es die da, die da Beruf und Mutterschaft unter einen Hut bringen will? Oder die da, die da für 24-Stunden-Betreuung plädiert? Oder die da, die da in jeder Schwangerschaft ein Buch schreibt? Nein, es ist die, die nicht immer kann. «Ich bin für viele eine Rabenmutter», sagt meine Lieblingsnachbarin Gundi und lacht. Gundi hat ihr Leben geplant mit der nüchternen Akribie einer Naturwissenschaftlerin. Biologiestudium, Promotion, Forschung an der Uni. «Ich wollte immer Karriere machen», sagt die 36jährige. Das hat sie geschafft: Vor sechs Jahren gründete sie ihr eigenes Labor. Inzwischen hat sie aus dem Einfraubetrieb ein mittelständisches Unternehmen mit zwölf Beschäftigten gemacht. Als alles lief, überlegte sich Gundi den nächsten Schritt. Der hatte auch mit Biologie zu tun und heißt heute Theo. «Theo hat mich davor bewahrt, mein Leben im Labor zu verbringen», sagt Gundi. Heute arbeitet Gundi nicht mehr

12 Stunden täglich, sondern höchstens acht. Ganz aufhören? «Auf keinen Fall.» Deshalb gibt sie Theo weg – in den Hort. Eine Rabenmutter eben.

Nein, das würden die Supermütter so nie sagen. Die offizielle Sprachregelung lautet: «Ich würde das meinem Kind nicht zumuten», mit Betonung auf «ich». Früher hat sie dieser unausgesprochene Vorwurf genervt. Heute bleibt Gundi ganz gelassen und beobachtet interessiert, wie der ganztagsbetreute Filius zum zwanzigstenmal den Löffel runterwirft und seiner Vollzeit-Mutter dabei zuguckt, wie sie unter den Tisch krabbelt. Kinder können das Leben ungemein bereichern.

Ich bin froh, daß es Frauen wie Anne und Gundi gibt, Mütter, die nicht von dir verlangen, daß du dich für jeden Pups ihres kleinen Engels interessierst. Mütter, die ihren Humor nicht verloren haben. Die nicht erblassen, wenn du sie mit der neuesten soziologischen Studie konfrontierst, die den Einfluß der Mutter auf ihre Sprößlinge für vernachlässigenswert hält. Ent-

> «Ich bin eine Frau, die eine Menge Männergeschichten hatte, eine Menge Dummheiten beging – die sie bis heute nicht bereut –, viermal heiratete, kein Kind wollte – was sie heute ein bißchen bereut –, weil sie Schreiben für wichtiger hielt.»
>
> **Brigitte Reimann**

scheidend ist die Peer-Group, oder auf deutsch: die Kumpels. «Du bist also nicht schuld, wenn Theo einmal bei den Neonazis landet», beruhige ich Gundi, «es ist der Sohn deiner Freundin, er ist kein guter Umgang.» «Super», schreit Gundi, «darüber werden sich meine Kolleginnen im Kinderhort sicher freuen.» Frauen, die dir nicht in tapferer Selbstverleugnung vormachen, daß ihre Kinder ein Quell ungetrübter Freude seien. Dann steht Gundi schon mal vor der Tür, einen brüllenden Theo auf dem Arm, und bittet um Asyl. «Rauch bitte eine Zigarette mit mir, wenn du nicht willst, daß ich wegen Kindsmord in den Knast wandere», sagt sie genervt. Wer kann da schon nein sagen? Und während wir auf dem Balkon dem Laster frönen, erzählt Gundi von der stundenlangen Quengelei, die Zweijährige manchmal für nötig halten, auch wenn die Mutter einen anstrengenden Tag hinter sich hat. Klar, daß klein Theo in der fremden Wohnung beschlossen hat, auf lieb und unschuldig zu machen. Kinder können ganz schöne Biester sein. Also lieber doch keines?

Dennoch ist Theo selbstverständlich das schönste, klügste und aufregendste Kind westlich des Urals, daran läßt die Mutter keinen Zweifel. Da mögen sie schreiend auf der Piazza von Perugia liegen, voller Zorn, weil sie ihr Eis runtergeworfen haben und es keinen Ersatz gibt. Da können sie, objektiv, häßlich sein wie die Nacht oder erst mit vier Jahren anfangen zu sprechen. «Das sind die Hormone», erklärt Gundi, «ist doch gut eingerichtet von der Natur.» Sie kann die Biologin nicht verleugnen.

Mit solchen Müttern würde ich auch in Urlaub fahren, obwohl ich bei der Auswahl meiner Reisepartner mehr als heikel bin. Früher hätte ich das abgelehnt: zu laut, zu nervig, zu anstrengend. Ein Dreijähriger hat kein Interesse an gotischen Kirchen, an Vier-Gänge-Menüs mit zwanglosem Geplauder oder an 800-Seiten-Schmökern. Ich wiederum interessiere mich nur begrenzt für Bauklötze, Hoppe-Reiter und die Abenteuer einer Baumrinde im Bach. Im Urlaub sollten die Interessen übereinstimmen. Ging Gundi früher auch so. Inzwischen sind andere Kinder Entlastung.

Anne ruft an. Sie braucht ganz dringend Tapetenwechsel und Abstand zum Vater ihrer Tochter. «Kann ich eine Woche zu dir kommen?» fragt sie. «Lena ist aber auch dabei.» Warum nicht? Schließlich bin ich in der Entscheidungsphase. Warum also nicht ein bißchen Kinderalltag zur Probe? Meine Wohnung verwandelt sich in ein Fantasy-Land, wo hinter den Tüchern am Sofa geheimnisvolle Prinzessinnen hausen und die

Waschmaschine zum Tresor von erbeuteten Schmuckstücken wird. Um sieben Uhr morgens wird im Nachbarzimmer rücksichtsvoll geflüstert; wenn ich aufstehe, werde ich mit einem lauten Indianergeheul begrüßt und von der Schwester von Winnetou an den Frühstückstisch begleitet. Als ich in der Handtasche nach meinem Schlüssel krame, fallen mir in Seidenpapier eingewickelte Mini-Seifen entgegen, die das Gesicht von Goofy und Mickymaus haben – ein Geschenk von Lena. Abends brauche ich keinen Schlüssel mehr, weil Lena die Tür aufreißt, wenn sie mich kommen hört. Und während meine Nase erfreut registriert, daß Anne wieder ein Essen für die Berufstätige gezaubert hat, hhhm, stellt mir die kleine Zauberin mit Zauberstab in der Tür drei Wünsche frei. «Du mußt sie aber laut sagen, sonst gehen sie nicht in Erfüllung», beharrt Lena. Ich wünsche mir also einen Lastwagen voll Gold und für die neue Wohnung einen Dachgarten. Und zum Schluß, ja, ich habe mich endlich entschieden: Ich wünsche mir, Vater zu werden.

Kein Job für Feiglinge

Über das Alter und

die Weisheit

«Altern ist die größte Herausforderung an den Menschen. Gemeinerweise findet es genau dann statt, wenn wir sowieso immer klappriger werden. Ein Trost: Älterwerden als solches ist nicht schwer, das schaffen Sie schon.»
Luise Pusch

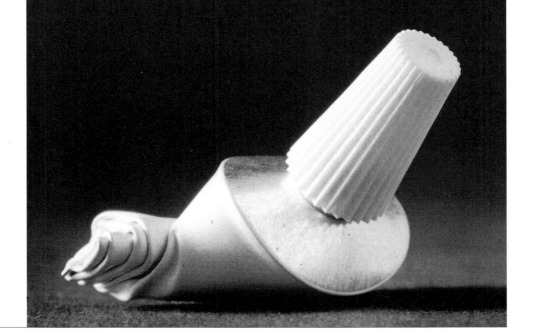

Kleine Lügen kommen der Wahrheit oft näher. «Wir gründen eine Frauenkampfsportgruppe», erklärte ich den männlichen Kollegen vollmundig, als ich zum ersten Mal mit Sportklamotten in der Redaktion auftauchte und mich an ihrer Miene ergötzte, die zwischen Ungläubigkeit und Unsicherheit changierte. Eine Betriebssportgruppe nur für Frauen? Machen die da Karate? Reden die da über uns? Können wir jetzt nicht mehr unbehelligt über den dunklen Parkplatz zu unserem Auto gehen? Das tat gut. Wenn ich mit dem Lift ins Untergeschoß rausche, in das Studio, das zur Turnhalle umfunktioniert wurde, kommt die Stunde der Wahrheit. Denn hier kämpfen zwar Frauen, aber vor allem gegen körperliche Verfallserscheinungen. «Grauenhaft», stöhnt die Kollegin im Umkleideraum, bevor sie in ihre Leggings steigt und wunderbar beweglich, doch voller Ekel die inkriminierte Stelle an der Rückseite der Oberschenkel zusammenquetscht. Sofort scharen sich Kombattantinnen um sie, verdrehen und verrenken sich und zählen und vergleichen die Dellen, die sich da abzeichnen. Das ist wichtig, damit wir wissen, warum. Warum wir uns gleich wieder eineinhalb Stunden quälen, Schweiß vergießen und unsere Muskeln malträtieren. Kneifen als masochistische Motivation gewissermaßen.

Denn das Grauen hat einen Namen: Cellulitis. Oder fruchtiger ausgedrückt: Orangenhaut. Diese Bindegewebsschwäche, auch dies ein hübsches Wort, ist eine typische Alterserscheinung. Sie sucht leider nur uns Frauen heim, und zwar schon in jungen Jahren. Gut, ich weiß, daß diese kleinen Dellen im Fettgewebe kein Grund für schwere Depressionen sind. Es gibt Schlimmeres. Aber, mal ehrlich, es gibt auch Lustigeres. Deshalb bin ich in der Frauenkampfsportgruppe: Nieder mit der Cellulitis lautet unser Schlachtruf. Hier habe ich den neckischen Ball kennengelernt. Er war quietschgelb, etwa kokosnußgroß und hatte so kleine, harte Noppen, die wie abgebrochene Stacheln aus der Oberfläche herausragten. Doch irgendwie sah er bedrohlich aus, als ihn die Sportlehrerin aus der Tasche zog wie ein Überraschungsei. Und es tat verdammt weh, als wir damit nach ihrer Anleitung über Schenkel und Po rollten, um das lästige Gewebe zu durchbluten, zu kneten wie einen Teig. Können Sie sich vorstellen, wie beruhigt die männlichen Kollegen waren, als sie checkten: Es handelt sich um Problemzonengymnastik? Seitdem ist der unsichere Gesichtsausdruck einer gewissen Häme gewichen. Schade eigentlich.

Wir nehmen Cellulitis lässig, sagen wir uns in den starken Momenten, in denen wir uns jung fühlen. Sonst werden wir verklemmt, schleichen uns rückwärts aus der Sauna. Oder auch aus dem Schlafzimmer, damit der Mann die Kraterlandschaft auf der Rückseite nicht sieht. Das wirkt wenig souverän. Dann halten wir es mit Dorothy Parker: «Jahre sind nur Kleider, und entweder trägst du sie ein Leben lang mit Stil, oder du gehst eben als Schlampe ins Grab.» Genau. In den weniger lässigen Momenten jedoch verlieren selbst die coolsten Frauen beim Blick in den Spiegel die Nerven, haben mit Anfällen von Lebensangst zu kämpfen und sehen sich einsam und verrunzelt in ihrer Wohnung liegen, lediglich von ihrer Katze umschmeichelt, der es egal ist, ob sie ihr Whiskas von einer älteren Dame oder von einer Schönheitskönigin serviert kriegt. Hauptsache regelmäßig. In solchen Augenblicken steht das Alter bedrohlich vor dir, und mit ihm der Verlust der Schönheit. Die Angst, so keifig zu werden wie Tante Erika. Und bestimmte Fragen: Darf ich mit 35 noch in die Disko gehen, einfach nur, weil ich gerne tanze? Kann ich den Minirock noch anziehen? Wann fliegt man aus Altersgründen aus dem Hiphop-Konzert?

Welche Frau altert schon so dramatisch würdevoll wie Franca Magnani, die zu einer Maskenbildnerin mal sagte: «Retuschieren Sie meine Falten nicht weg. Es hat mich ein ganzes Leben gekostet, sie zu bekommen.» Wahrscheinlich hat sie noch «Schätzchen» hinterhergeschoben, so cool, wie das klingt. Und ziemlich sicher nahm die italienische Journalistin auch jedes graue Haar mit einem Lächeln zur Kenntnis: Salve, du glit-

«Diese Zitrone hat noch viel Saft» – Lotti Huber

zernde Strähne der Weisheit, begrüßte eine neue Falte mit fröhlicher Abgeklärtheit: Da bist du endlich, Furche des Lachens und des Lebens! Willkommen, Krähenfuß, du augenzwinkernder Schelm! Wo, bitte, gibt's diese Gelassenheit zu kaufen? Nicht in der Drogerie jedenfalls, von wo aus immer mehr Salben und Tuben und Emulsionen ihren Weg ins heimatliche Badezimmer finden – gut für die Augenpartie, schlecht für die Orangenhaut, gut für den jugendlichen Teint, schlecht für die Schlupflider, gut für den Umsatz der Kosmetikindustrie, schlecht für den Geldbeutel. Und du fühlst dich wie Don Quichote, weil du gegen Windmühlenflügel kämpfst. «Alt werden ist kein Job für Feiglinge», sagte Bette Davis. Ich nehme mir vor, alle Tuben, die mir die Kosmetikerin aufgeschwatzt hat, in den Gelben Sack zu werfen, kein verdammter Feigling zu sein und wie die Magnani in Würde zu schrumpeln.

Und dann nimmt mich Anette mit in dieses Mozartkonzert, weil die Querflötistin «so einen wunderbaren Ton» hat und Anette so schon immer spielen wollte. Ich habe beschlossen, daß ich den Mini noch tragen kann, freue mich auf den Abend mit der Freundin, auf ihre Nachhilfe in Sachen Musik, schließlich kann sie einschlägige Studienbildung nachweisen. Doch als das Licht ausgeht, gesteht mir Anette in der Anonymität des Dämmerlichts flüsternd und mit der Kühnheit der Verzweifelten, während die Querflötistin schon ihr Bestes gibt: «Ich mach jetzt was gegen diese schwarzen Haare am Kinn.»

«Sind die in den letzten Jahren mehr geworden?» raune ich interessiert zurück.

«Und wie. Ich könnte bald als Burt Lancaster gehen. Jetzt lass ich sie weglasern.»

«Tut das weh?»

«Na ja, ein Mozartkonzert ist schöner. Und es bitzelt und riecht nach verbranntem Haar. Aber dann sind sie für immer weg.»

«Können Sie nicht ruhig sein?» zischelt es von hinten empört. Nein, nicht wirklich. Nicht, wenn der Körper schrumpelt und zerfällt und die männlichen Hormone dich plötzlich zu einer behaarten Hexe machen oder die verdammten Lippenfalten dir ein verkniffenes Gesicht hinschminken, selbst wenn du gut drauf bist. Mit Dauer-Make-up, wohlgemerkt. Von wegen, Schönheit kennt kein Alter. Daheim krame ich die Tuben wieder aus dem Gelben Sack hervor.

So viel Jugend war nie. Forever young heißt die Devise, und alle tanzen

> «Jahre sind nur Kleider, und entweder trägst du sie ein Leben lang mit Stil, oder du gehst eben als Schlampe ins Grab.»
>
> Dorothy Parker

ausgelassen ums Goldene Kalb. Es gibt junge Banken und junge Margarine, und überall lachen dich fröhliche Menschen um die 20 an. Auch die Alten werden immer jünger. Sie fahren Motorrad, skaten munter durch den Park, klettern extrem mit der Kraft der zwei Herzen und lächeln dank Kukident geradezu pubertär-unbeschwert aus dem Urlaub, den sie sich dank einer jungen Versicherung leisten können. Gibt es eigentlich auch eine Versicherung gegen das Altern? Würde ich sofort abschließen. Im Zeitalter ewiger Jugend sollten die Menschen eines von beidem sein: jung oder richtig alt. Das heißt: entweder 29 oder gleich 70. Gut, inzwischen sehen viele mit 30 noch wie 20 aus. Hilft aber nicht letztendlich. Apart finde ich den Vorschlag von Djuna Barnes: «Wir sollten mit 70 geboren werden und anmutig in die Jugend hineinschreiten!» Auch eine Möglichkeit.

Ist Ihnen auch schon aufgefallen, daß sich der Beginn des Alters mit den Jahren nach hinten verschiebt? Mit 28 meinte die Wohngenossin: «Ich werd nicht älter als 50.» Zwei Jahre später wiederholte sie diesen Vorsatz zwar, doch sie hatte auf 55 Jahre erhöht. Obwohl sie das vehement abstreitet: «Ich hab schon immer 55 gesagt.»

Wie auch immer, ich bleibe dabei: 29 und jung oder 70 und exzentrisch. Dazwischen ist älter, und das ist kein Zustand. Das ist Niemandsland ohne Orientierung, eine Wüste für Verlorene. Es ist, als ob du plötzlich unsichtbar würdest. Mitte des Lebens, das ist ein verdammtes Mittelding, wie mittelbraun – wer will schon mittelbraun sein? –, und riecht nach Mittelmaß, Mittelalter und Mittelwert. Ein Durchgangsstadium, gegen das kein Mittelchen hilft. Jung oder alt also, oder noch konsequenter: jung oder tot. Lisa Fitz, die sich mit 48 Jahren auch im Niemandsland tummelt, sich aber mit einem virilen kubanischen Lover jung hält, drückte das Dilemma mal drastisch aus: «Notschlachtung für Frauen ab 45, die nicht mit Face-Lifting ihr Verfallsdatum verfälscht haben.» Eine Frau hat jung oder alt zu sein, nicht älter. Basta.

Und Schummeln ist nun wirklich eine peinliche Nummer. Wenn du fünf Jahre lang deinen 34. feierst, merken deine Freunde das garantiert irgendwann. Sie können auf mehr als drei zählen, sonst wären sie nicht deine Freunde. Deine Freundinnen sowieso, die haben alle Jahreszahlen intus. Natürlich kannst du die Stadt wechseln, dann schlägst du drei Jahre raus. Dann kann es nur zu peinlichen Situationen kommen, wenn du zur Geburtstagsparty deine alten und deine neuen Freunde einladen willst. Worüber die wohl reden? Richtig. Natürlich kannst du auch nach Südamerika auswandern, dich dort fit und gesund halten. Wenn du zurückkommst, macht das noch mal vier Jahre. So kommst du auf sieben Jahre, maximal. Und auch nur, wenn du deinem Äußeren verschärfte Aufmerksamkeit widmest. Aber mal ehrlich: Lohnt sich dieser Aufwand wirklich?

«Sei nicht so zynisch», sagt Hilde. «Notschlachtung, jung oder gleich tot, so ein haarsträubender Unsinn. Mach Yoga, und du wirst jung alt.» Sicher, Hilde ist beweglich wie ein Gummibärchen. Aber mit «Ooohm» hab ich's nun mal nicht so. «Dann laß es bleiben», sagt Hilde, «aber älter mußt du wohl oder übel werden, wenn du das Alter von Lotti Huber erreichen willst.» Hüten Sie sich vor Freundinnen, die Yoga machen. Sie schlagen Sie immer mit Ihren eigenen Waffen. Als ich Lotti Hubers Autobiographie «Diese Zitrone hat noch viel Saft!» las, schwärmte ich Hilde stundenlang von dieser unverdrossenen Alten vor. Diese schrille Diva hat es wirklich geschafft, das Alter niederzuschmunzeln, sich mit ihm zu verbünden und ihm damit zu trotzen. «Ich bleibe nie in der Vergangenheit kleben», sagte sie einmal, «ich gehe immer weiter.» Scheint kein schlechtes Rezept zu sein. Sie genoß ihr Leben, das so bunt war wie ihre Flattergewänder, so schillernd wie die Riesenklunker, die sie stolz an jedem Finger trug. Mit 75

«Retuschieren Sie meine Falten nicht weg» –
Franca Magnani

Jahren, wenn andere Frauen sich längst dezent zurückgezogen haben, verkündete sie, nun begännen ihre kreativen Jahre. In der Tat erreichte die Schauspielerin und Tänzerin den Gipfel ihres Ruhms. In Rosa von Praunheims Filmen durfte sie sie selbst sein: eine Frau, die niemals aufgibt. Der Regisseur charakterisierte seine Heldin einmal so: «Also eine ganz Verrückte, sage ich Ihnen. Spontan, lebenslustig, eine Tänzerin. Ist Jüdin, war im KZ, dann in Palästina. Auf Zypern hatte sie ein Lokal. Es war ein exzentrischer Punkt der Insel. Tanzt, schreibt und sagt die Zukunft voraus.»

Lotti Huber wollte partout nicht in Würde altern, was ein vergleichsweise langweiliger Zeitvertreib ist. Das Leitmotiv ihres Lebens enthält ein Song, den sie in «Unsere Leichen leben noch» schmetterte: «Wir sind vital und wild und klug und schön und sexy, voller Glut. Wir rasseln mit den Knochen bis zum Schluß.» Denn das Leben war für Lotti – Genuß.

Eine Frau, die mit 75 so frivol über die Liebe singt, ist eine Provokation: Das Alter ist körperlos. Das hat Lotti Huber zu spüren gekriegt. «Wo bleibt die Würde des Alters?» wurde sie mal von einer älteren Dame am Telefon gerügt. «Da sind Sie hier falsch verbunden», gab die Diva schnippisch zurück und legte auf. Zum 80. sang sie für sich selbst: «Happy birthday to me, 'ne Oma werd ich nie.» Da hatte die berühmte Zweitwimpernträgerin wohl recht. Wer will schon das Schoki-Geheimlager für brüllende Zweijährige sein oder nur noch zum evangelischen Kaffeeklatsch das Haus verlassen? Zu ihrer 85er-Party trat sie in jungfräulichem Weiß auf und wußte es auch zu begründen: «Das Baby trägt Weiß, die Braut, und da, wo ich bald hintrottle, da paßt das auch.» Sie lebte im Hier und Jetzt und konnte wirklich die Zukunft voraussagen. Wenige Monate später – 1998 – starb der Berliner Kultstar. «Es geht auch anders», schreibt sie in ihrem Zitronenbuch, «aber so geht es auch.» Die Tuben kommen wieder in den Gelben Sack.

Es gibt ja nicht nur Cellulitis & Co, wozu haben wir einen Kopf? An den lassen wir die Biologie nicht ran. Im Kopf sind wir höchstens 20 und damit unter der Totschlaggrenze. Manche 20jährigen sind zumindest in diesem Körperteil älter als wir, stelle ich hämisch fest. Sicherer Job, sicheres Heim, sichere Rente – sichere Langeweile. Ich hingegen will noch mit der Enduro von Alaska nach Feuerland brettern, Hilde hat versprochen, daß sie ihre Maschine bis dahin wieder fit hat, und Anette träumt von einer Farm in Afrika oder doch zumindest davon, ein Jahr in Zimbabwe zu leben. «Ich will, ich will», singt Hildegard Knef. Noch verweigere ich mich erfolgreich der Lieblingsbeschäftigung aller Mittelalten, die Freunde zu gigantischen Schlemmereien einzuladen. Daß Essen der Sex des Alters sein soll, kann ich nicht akzeptieren. Also auch so eine dieser skatenden Alten? Na ja, ein bißchen Unruhe muß sein, das habe ich von Lotti Huber gelernt.

Doch dann merke ich, daß mir beim Zeitunglesen plötzlich Sätze ins Auge springen, die ich früher locker übersehen hätte. Etwa das Resümee einer Untersuchung: «Die Wahrscheinlichkeit, im Alter von 31 Jahren noch einen Mann zum Heiraten zu finden, ist ungefähr so groß wie die Wahrscheinlichkeit, mitten in Manhattan von einer von einem kroatischen Terroristen gesteuerten Boeing 747 erschlagen zu werden.» Wenn das nicht Mut macht! Oder ich räsoniere über das Bekenntnis des über 50jährigen Sten Nadolny: «Meine Lebensform ist das Vor-sich-hin-Dröseln.» Dieser Kampfruf gegen die jugendliche Geschäftigkeit, eine Widerborstigkeit gegen energiegeladene Lebensentwürfe, paßt so gar nicht in unsere pubertäre Zeit. Gar nicht schlecht, denke ich, und schwöre mir, beim gelassenen Vor-mich-hin-Dröseln nicht behäbig zu werden. Eine gewisse Flexibilität möcht schon sein.

Mit Schrecken denke ich an den letzten Umzug, der nicht mehr locker im VW-Bus zu machen war. Jetzt gilt es Siebentonner zu mieten, um den ganzen Krempel, vom sperrigen Futon-Bett bis zur tonnenschweren Platten- und Büchersammlung, von einem Ort zum anderen zu bewegen. Andererseits will ich auf meine Queen-Sammlung auf keinen Fall verzichten. Ich merke, auch im Kopf gibt's Falten. Wenn es zum Dogma wird, dreimal die Woche zu joggen. Wenn du den Tag mit unverrückbaren Ritualen beginnen mußt, geradezu zwanghaft, und dich die fehlende Tasse Kaffee (viel Milch, nicht mehr als ein Stück Zucker, bitte) in tiefe Verzweiflung stürzt. Wenn die Gedanken an die Zukunft, die immer weniger wird, die Gegenwart verdrängen, dann merkst du, daß diese Falten ziemlich tief sind. Und

«Wir sind vital und wild und klug und schön und sexy, voller Glut. Wir rasseln mit den Knochen bis zum Schluß.»

Lotti Huber

«Alt werden ist kein Job für Feiglinge.»

Bette Davis

du siehst plötzlich ganz schön alt aus. Das Alter annehmen, sagen Klugscheißer besserwisserisch. Aber wie geht das? Da helfen keine Tuben.

Lassen Sie uns zur Abwechslung mal über Männer reden. Die altern angeblich gelassener, kaschieren ihren Hängebauch mit ihrer Position und leger geschnittenen Anzügen und glauben, daß ihre grauen Schläfen und zerfurchten Gesichter sie interessanter machen. Für wen eigentlich? Für die jungen Mädels, die die Macht ihrer Stellung meinen, wenn sie ihnen um den Bart und mit ihnen ins Bett gehen? Illusionen helfen gegen Verzweiflung, sie sind die männliche Form von Altersstarrsinn. Gut, Männer können auf Clint Eastwood verweisen, der mit Krampfadern und um die 70 immer noch unter «Brücken am Fluß» den Lover mimen darf. Oder auf Robert Redford, der im hohen Alter noch gekonnt Pferde und Frauen umflüsterte. Auch er war Hauptdarsteller und Regisseur in einem. Das hilft. Doch auch wir haben unsere Heldinnen, die mit 50 noch munter vor der Kamera turnen: Hannelore Elsner, Iris Berben, Hannelore Hoger. Und mit «Harold and Maude» eine der wenigen Film-Liebesgeschichten, in denen die Frau älter ist als der Mann. Na also.

Es könnten ruhig mehr sein. Ich hätte nichts dagegen, wenn Doris Dörrie mal eine sentimentale Liebesschnulze drehen würde. Mit Hildegard Knef und Till Schwaiger in der Hauptrolle. Ich stelle mir vor, wie die wilde Hilde zu dem braven Familienvater sagt: «So eine Liebe begegnet dir nur einmal im Leben.» Und wie der brave Till es nicht schafft, aus dem Auto seiner Gattin zu steigen und zu Hilde Knef in den Rangerover zu klettern, die da vorne an der roten Ampel so einladend nach links blinkt: Jetzt oder nie, Till. Die Ampel wird grün, die Hand bleibt untätig am Türgriff liegen, der Moment verstreicht ungenutzt. Ach, Till.

Oder wie wär's mit einem Pferde- und Naturfilm mit Christiane Hörbiger als verwegener Reitlehrerin und Johnny Depp als coolem Großstadtyuppie, der mit der Natur auch die wahre Liebe zur reifen und gelassenen Frau entdeckt. Nur einen weiblichen Anthony Quinn kriegen wir nicht hin. Mit 80 wird's einfach schwer mit dem Kinderkriegen. Die biologische

Uhr tickt bei uns ein wenig lauter. Warum kriegen wohl viele Frauen mit Ende Dreißig ihr erstes Baby? Aber das ist ein anderes Kapitel.

Bleiben wir bei den Männern. Bei denen fangen die Wechseljahre viel früher an. Der schöne Markus, mein Lieblingskollege, brachte eines Tages mit strahlendem Lächeln ein Handy mit ins Büro. Er, der es bisher abgelehnt hatte, stets verfügbar zu sein, wurde nicht müde, die Vorzüge dieser technischen Neuerung in den höchsten Tönen zu loben. «Ich fühle mich so unabhängig», schwärmte er. Aha. «Hier kannst du deine persönlichen Nachrichten abhören, nur für dich allein.» Soso. «Und hier kannst du sogar kleine Textnachrichten schreiben.» Und in einer Geschwindigkeit, die davon zeugte, daß er dies nicht zum ersten Mal tat, tippte er einmal die 4, zweimal die 8, einmal die 3 und so weiter, bis auf dem Display zu lesen war: «Guten Morgen, Sonnenschein.» «Faszinierend», sagte ich, «und wie heißt sie?» Wenn sich Männer um die Vierzig urplötzlich ein Handy anschaffen, dann weißt du, daß sie bis zum Hals in der schönsten Midlife-Crisis stecken. Die bekämpfen sie bevorzugt mit einer jungen Freundin. Und da die feste Gefährtin durch diese Neuerung in seinem Leben nicht belästigt werden soll, muß eine 0171-Nummer her. Dann kann die Neue ungestört draufquatschen, ohne seine Kreise daheim zu stören, dann ist er jederzeit erreichbar für sie, und die Kinder werden nicht von einer fremden Stimme auf dem Anrufbeantworter belästigt. Oder fragen womöglich live: «Was bist denn du für eine Tante?» Ein Handy ist die Antifaltencreme der Männer.

Manches ist auch gut am Älterwerden. Wir sitzen zusammen im Straßencafé, betrachten die vorbeiflanierenden 18jährigen und sind froh, die Stürme dieser Zeit hinter uns zu haben. Nicht noch mal, bitte. «Gut ist, daß ich nicht mehr in jede Kneipe springen muß, die gerade wieder voll in ist», sagt Anette, die gerne und viel ausgeht. «Gut ist, daß ich nicht mehr jeden Modegag mitmachen muß», sagt Hilde, «wie etwa diese grauenhaften Hüfthosen, die jede Frau außer Kate Moss wie ein breithüftiges Monster aussehen lassen.» Und Maike zieht ihren grauen Führerschein heraus und sagt: «Ich bin froh, daß ich nicht mehr so aussehe.» Alle kramen in den Handtaschen und fangen an zu kichern. «Du hattest ja hübsche Pausbacken», sagt Hilde zu Maike. «Und du siehst aus wie ein goldener Rauscheengel mit deinen langen blonden Locken», gibt die zurück. Mal ehrlich: Wollten Sie noch aussehen wie damals auf dem Foto im Führerschein? So nichtssagend, so glatt, so ungelebt? Da grinst die zum Foto gewordene Selbstgerechtigkeit der Jugend. Nee, nee. Endlich stehen wir fest und mitten im Leben, haben uns unsere Position im Beruf erkämpft, gehen mit Kritik leichter um, auch der Krittelei an unserem Aussehen, jedenfalls manchmal, haben uns langsam an uns gewöhnt, an unsere Stärken und etwas widerwillig an unsere Schwächen, manche lieben ihre kleinen Makel sogar. Ich bin froh, daß ich nicht mehr aussehe wie eine amerikanische Millionärstochter. Pah, die Tuben bleiben im Gelben Sack. Lieber noch einen Campari trinken und der Jugend beim Vorbeiflanieren zuschauen.

Am nächsten Morgen wache ich mit schwerem Kopf und schweißgebadet auf. Eine dürre Frau mit dünnem grauem Haar hat mich verfolgt und rief mir stockfuchtelnd etwas zu, was ich nicht verstanden habe, denn ich war panisch damit beschäftigt wegzurennen. Und als ich mich umdrehte, weil sie mich schon fast eingeholt hatte, sehe ich, daß das ich bin. Zuviel Alkohol und einschlägige Diskussionen scheinen dem Schönheitsschlaf nicht förderlich. In Horrorfilmen grusle ich mich gerne, verstecke mich hinter Kissen und genieße den Kitzel. Aber nicht in Träumen. Sie sind zu real.

Gereizt schlurfe ich ins Badezimmer und merke, Simone de Beauvoir hat recht. «In der Tiefe des Spiegels lauert das Alter. Und das Verhängnisvolle daran ist, daß es mich überrumpeln wird.» Kennen Sie dieses Gefühl, morgens in den Spiegel zu gucken und nicht zu wissen, was Sie erwartet? Heute blickt mich das gereizte, unausgeschlafene Gesicht einer Frau an, das eine gewisse Ähnlichkeit mit meiner Verfolgerin hat. Das ist nerviger, als mit dem linken Fuß aufzustehen. Ich schließe die Augen und behandle mein Gesicht wie einen Gegenstand: waschen, cremen, schminken. Meine Hände machen das automatisch, da brauch ich doch keinen Spiegel. Manchmal ist das Gesicht da drin auch schelmisch wie das eines Kindes. Oder zeugt verliebt von einer kurzen, aber schönen Nacht. Heute ist es einfach zerknittert. Der Hals verträgt einen Rollkragenpulli, und eigentlich würde mir zu meinem Glück nur noch eine Bemerkung fehlen, die Marie Marks so wunderbar gemein graphisch umgesetzt hat. «Niemand welkt so schön wie du», sagt da der glatzköpfige Herr zu seiner runzligen Liebsten. Wo sind eigentlich meine Tuben? Ach ja, im Gelben Sack. Das muß ich ändern.

Maike behauptet, daß sie mit ihren Jahresringen gut zurechtkommt. Aber das liegt keineswegs an einem plötzlich aufgetretenen Gelassenheits-

Wollten Sie noch aussehen wie damals auf dem Foto im Führerschein? So nichtssagend, so glatt, so ungelebt?

schub. Die Wohngenossin ist verliebt, die Boeing 747 des kroatischen Terroristen ist ihr voll auf den Kopf gefallen, allen statistischen Berechnungen zum Trotz. Der Mann ihrer Träume hat «Guten Tag» gesagt, und sie hat zurückgegrüßt – ausdauernd, heftig, leidenschaftlich. Wenn du frisch verliebt bist, interessieren dich Falten sowenig wie jede Anleitung zum Unglücklichsein. «Happyness is the best face lifting», singt Joni Mitchell.

Außerdem wird Maike mit ihrem glatten Gesicht immer zehn Jahre jünger geschätzt. Früher hat sie das gestört. Heute freut sie sich darüber. «Wenn das keine Alterserscheinung ist», maule ich. Sie ignoriert mich souverän. Und sagt mit dem geballten Selbstbewußtsein derjenigen, die sich unwiderstehlich weiß: «Ich fühle mich gut und jung.» Ist ja recht. Im Moment ist nicht vernünftig mit ihr zu reden. Aber was ist in Zukunft? Wie sieht's mit grauen Haaren aus? «Die färbe ich irgendwann, aber später.» Und was ist mit Falten? «Hab ich kaum. Oder siehst du welche?» Verdammt, nein. Aber was ist mit Liften, wenn die Verliebtheit vorbei ist und die glatte Haut perdu? «Da bin ich schwäbisch», sagt die Rheinländerin geizig, «nach dem Motto: I geb nix.» Nein, ihre Denkerfalten will sie sich nicht nehmen lassen, und ihr Gesicht soll so bleiben, wie es ist. «Ich habe Angst vor einer Narkose», sagt Maike standhaft, «und außerdem: Was ist, wenn dem Kerl das Skalpell entgleist?» Vor allem aber plagt sie die Vorstellung, daß ihr Körper dann wie aus dem Baukasten daherkommt, wild zusammengebastelt, und nichts paßt mehr zueinander: der Hals nicht mehr zum Gesicht, das Gesicht nicht mehr zur Figur, die Hände nicht zum Busen und so weiter. «Da sieht doch jeder, daß du betrügst.» Verliebte können so penetrant selbstsicher sein.

Und Anette erzählt, wie sie mit ihrer Ersatztochter Maren im Bett liegt

«Was machen Sie?»

und ihr aus «Ronja Räubertochter» vorliest. Plötzlich zupft die Kleine an der Hand, die auf dem Buch liegt, und zieht die Haut hoch wie eine alte, schlabbrige Hühnerhaut. «Iiih, voll alt», kreischt sie freudig erregt. «An den Händen siehst du immer, wie alt du bist», weiß Anette seitdem. Auch sie würde sich nie, nie, nie liften lassen. Haare tönen, ja, aber liften? «Das ist doch auch Betrug», wage ich einzuwenden. «Nein, das ist was ganz anderes», sagt Anette pragmatisch, «Haare wachsen wieder nach.» Auf keinen Fall, da sind wir Freundinnen uns einig, käme Rot in Berührung mit unserem Haupthaar. Das ist nämlich der Einheits-Look aller Frauen im Niemandsland. Und wer will sich schon ausgerechnet im Alter eine Uniform überstülpen?

Hildegard Knef hat das nie getan. Auch sie lebte wie Lotti Huber ein Leben voller Berg- und Talfahrten. Die 74jährige Diva, auch sie Zweitwimpernträgerin, hat sich trotz Krankheit und Alter nie abgekapselt. Ganz anders als ihre Freundin Marlene Dietrich, die auch sie plötzlich nicht mehr empfangen wollte. Niemand sollte den Verfall ihrer Schönheit sehen. «Das Leben», sagt die Knef, «ist viel zu wertvoll, um sich wegen ein paar Falten wegzuschließen.» Oder um es mit dem Galgenhumor der Chansonmadame Helen Vita zu sagen: «Früher waren wir mal jung und schön, nun sind wir nur noch ‹und› ...» Na und? Das Alter ist voll ungeklärter Fragen. Doch wer sagt, daß wir sie alle lösen können? Das haben andere vor uns auch schon nicht geschafft. Vielleicht sollten wir sie einfach unbeachtet im Raum stehen lassen, wo sie von mir aus verhungern können. «Was machen Sie?» fragt Rahel Varnhagen in ihrem Tagebuch und antwortet selbst: «Nichts. Ich lasse das Leben auf mich regnen.» Genau. Die Tuben lass ich aber im Badezimmer stehen. Vorsichtshalber.

«Nichts.
Ich lasse das Leben
auf mich regnen.»

Rahel Varnhagen

Beste Freundin, beste Feindin

Über Frauenfreundschaften und ihren besonderen Charme

«Wenn die beste Freundin mit der besten Freundin,
um was einzukaufen und sich auszulaufen,
durch die Straßen latschen, um sich auszuquatschen.»
Chanson

Warum ruft sie nicht an, die blöde Kuh? Dabei hab ich schon dreimal ihren Anrufbeantworter vollgequatscht, mich ordnungsgemäß aus dem Urlaub zurückgemeldet, wie es sich gehört bei einer guten Freundin. Und Hilde schweigt. Schon zwei Wochen lang. Schweigt nachdrücklich. Geradezu bedrohlich. Denn eigentlich redet Hilde ganz gerne, vor allem nach einem Urlaub, einer dreiwöchigen Trennung, wo so viel passiert ist, es so viel zu erzählen gibt: über meine Abenteuer in Thailand, über ihre Berufsturbulenzen und vor allem über die neue Liebe, schließlich habe ich die Geschichte mit meinem Bekannten eingefädelt. «Was ist eigentlich los?» denke ich nach drei Tagen. «Ist sie krank?» frage ich nach einer Woche die Wohngenossin. «Nein», antwortet Maike einsilbig.

«Diese blöde Kuh», schimpfe ich nach zwei Wochen hemmungslos, «was soll diese Teenie-Masche, warum redet sie nicht mit mir?» Und dann rückt die Wohngenossin raus: Hilde ist sauer. Aha. Schön, daß wir nicht darüber geredet haben. Weil ich angeblich mit ihrer neuen Liebe und meinem alten Bekannten flirte. Interessant. In den drei Wochen Urlaub vielleicht, als den fraglichen Kerl und mich etwa 10 000 Kilometer trennten? Es ist besonders erfreulich, wenn du Gemeinheiten über Dritte erfährst. Es verletzt wunderbar zielgenau, wenn du mit Schweigen bestraft wirst. Ganz toll ist es auch, wenn du nicht gefragt wirst. Freundinnen können tiefer in dein Herz eindringen als Raumschiff Enterprise in die Weiten des Alls. Leider können sie dort auch ultimative Verwüstungen anrichten. Oder um es mit Nancy Friday zu sagen: «Ich glaube, daß Frauen erkennen müssen, was für böse Dinge es unter uns gibt.»

Sie haben gedacht, ein Freundinnendasein sei die reine Wonne? Nicht wirklich? Da haben Sie verdammt recht. Manchmal herrscht Krieg. Unerklärter Krieg. Und dann schlägt die Cruise Missile ein, während du dich noch im Frieden wähnst. Frauen sind grausam, hinterhältig und falsch. Vor allem, wenn sie Hilde heißen. «Mein Gott, du bist vielleicht sauer», sagt die Wohngenossin verständnislos. «Ich habe auch allen Grund», schreie ich, «heimtückische Verräterinnen.» «Bloß weil mal was nicht so läuft, wie du dir das vorstellst», blafft Maike zurück, «es gibt nicht nur Schwarz und Weiß. Hast du alles andere vergessen?» Natürlich nicht. Schon gar nicht die Sonntage.

Denn Sonntag ist Freundinnentag. Dann klappt die Wohngenossin die gläserne Flügeltür auf, die unsere beiden Zimmer trennt. Ich lege Ferrero Küßchen, «Das wilde Herz der Sennerin» und «Brigitte» bereit. Am Sonntag braucht mein Kopf Junk food. Maike macht es sich auf ihrem Sofa mit «Zeit», «Woche» und «Weltwoche» bequem. Das gemütliche Rascheln der Seiten wird nur durch gelegentliches Gelächter oder empörte Ausrufe unterbrochen. «Willst du mal einen brillanten Dialog hören?» frage ich. Und lese vor:

«‹Es ist eine alte und sehr stolze Familie›, setzte Nenia in leiser Warnung hinzu.

‹Ein verwöhntes Prinzeßchen›, Adrian seufzte unhörbar, wie er glaubte.

‹Gegen ihren Willen›, verteidigte Nenia sogleich warm. ‹Sie hätte sehr gerne studiert oder einen Beruf erlernt, aber die Familie schrie Zeter. So hat sie Klöppeln gelernt und fertigt entzückende kleine Sachen.›»

Klöppeln statt studieren! Brüllende Erheiterung diesseits und jenseits der Flügeltür. Die Freundin kontert mit einer ganzseitigen Liebeserklärung von Jil Sander in der «Weltwoche» – an ihren Porsche. Sind die Modemacher jetzt völlig durchgeknallt? Unter zügellosem Gekicher und engagierter Erörterung der weltpolitischen Lage wird es Nachmittag und damit Zeit für einen Spaziergang mit Hilde. Mit niemandem kann man so gut spazierengehen wie mit Freundinnen. Und abends kommt Anette zum Essen. Bei einem leckeren Salat erzählt sie von den Turbulenzen bei der letzten Tournee, als ihre Querflöte plötzlich verschwunden war. Maike berichtet von der Podiumsdiskussion, die sie in 14 Tagen leiten soll: «Und ich hab noch keine Ahnung.» Wir reden über die Schwierigkeit, in unserer Stadt ei-

nen guten Figaro zu finden, ebenso wie über amerikanische Außenpolitik und die Londoner Literaturszene. Frauengespräche sind weltumspannend.

An einem dieser wunderbaren Sonntage haben wir sie entdeckt, die Kolonie der Künstlerinnen im Paris der zwanziger Jahre. Anette liebt die Liebe und damit die Dichterin Natalie Barney, die aus ihrer Liebe zu Frauen keinen Hehl und die gesamte Frauengemeinschaft der Pariser Left Bank verrückt machte. Alle, außer Gertrude Stein, die war in den festen Händen von Alice Toklas. Ich schwärme für die extravagante Journalistin Djuna Barnes, Hilde für die kokette Colette und Maike für die A-rose-is-a-rose-is-a-rose-Schriftstellerin Gertrude Stein. Wir schwören uns, mindestens genauso berühmt zu werden, nach jeder soll einmal eine Straße benannt werden! In einer Freundinnenrunde scheint alles möglich. Nichts kann uns auseinanderbringen, da sind wir uns einig, und schon gar kein Mann. Nicht einmal Horst Schimanski, der heute abend im «Tatort» ermittelt. Wer will schon fernsehen, wenn wir weiter träumen können?

Freundinnen sind Lebensmittel. Wer keine hat, verhungert. Denken Sie mal an Effie Briest,
Anna Karenina oder Desdemona, um nur drei Frauengestalten zu nennen, die ohne zurechtkommen mußten. Und was passiert? Eine Tragödie.

Natürlich habe ich das nicht vergessen. Aber Hilde offensichtlich. Nun soll also doch alles an einem Mann scheitern? Es kann doch nicht wirklich so banal sein. Wenig hilft es da, wenn Elke Heidenreich und Senta Berger, auch seit Jahrzehnten befreundet, fernsehöffentlich gestehen, daß auch unter ihnen schon monatelang Funkstille herrschte. Kein Telefonat, kein Gespräch, nada. In solchen Momenten leidest du wie ein Hund, weil du nichts verstehst. Schließlich waren Hilde und ich in vorpubertären Zeiten schon in denselben Gaul verliebt. Paul. Was damals unproblematisch war. Und dann verguckt sie sich in meinen Bekannten, und alles ist anders. Plötzlich werden meine frechen Bemerkungen («Er hat zwar keine Ahnung von Frauen, aber er sieht verdammt gut aus»), die jahrelang als Belege weiblichen Chauvitums für Gelächter in der sonntäglichen Frauenrunde sorgten, in ihrem Kopf zum bedrohlichen Flirt. «Beste Freundin, beste Feindin» heißt ein Buch über Frauenfreundschaften – Volltreffer. Und ich stimme in vollem Sopran in den Zickengesang ein: «Öffnet mit dem Mund nicht immer gleich euer ganzes Herz.» Genau. Nichts erfährt Hilde mehr von mir. «Vergeßt die Kummertanten, die ihre Probleme zu sehr lieben.» Stimmt! Was hat sie mich zugemüllt mit ihren Sorgen. Und überhaupt: Frauen sind Katzen, die hintenrum kratzen. In Lebenskrisen bin ich anfällig für die Weisheiten des Volksmunds. Ich beschließe, nur noch Männer zu lieben, und suche Trost bei meinem Liebsten.

Sie lachen? Sie meinen, Männer verstünden Frauenfreundschaften nicht wirklich? Sie haben leider recht. Dem Liebsten fällt nur ein, was alle Männer in solchen Situationen sagen, kurz und bündig und mit dieser Spur von Verachtung, die von Ahnungslosigkeit zeugt. Er sagt: «Weiber.» Und in diesem einen Wort steckt unheimlich viel: Wenn Weiber zu Hyänen werden etwa, und Nietzsche läßt grüßen. Und: Ihr Frauen seid ja soo empfindlich, streiten könnt ihr auch nicht, höchstens Sonntage lang tratschen. Moment mal, denke ich, obwohl von grausamer Freundinnenhand böse niedergestreckt. Ich kann noch denken, schließlich war es kein Kopfschuß, Freundinnen zielen tiefer.

So einfach ist es nun auch wieder nicht. Was, bitte schön, soll so erstrebenswert sein am Schweigen der Männer? Die, ohne ein Wort zu sagen, mit ihrem besten Freund am Tresen hängen können und sich einen Abend lang damit beschäftigen, die Bläschen in ihrem Bier zu zählen? Die es schaffen, einmal die Woche zusammen Squash spielen zu gehen, ohne mitzukriegen, daß sich der andere gerade von seiner Freundin trennt, sein Haus verkauft und bereits beim Therapeuten in Behandlung ist? Und die dann noch die Stirn haben, zu behaupten, wahre Freundschaft gebe es nur unter ihnen? Pah. Männer.

«Zumindest sind wir unkomplizierter», beharrt der Liebste. Und er erzählt vom Urlaub mit seinem alten Freund Dieter auf La Palma. Sie haben eine Woche lang zu den Schnulzen von Joan Armatrading geträumt, weil's so schön sentimental ist. Ein bißchen reden, wo es sich nicht vermeiden läßt, etwas mehr vom inseleigenen Wein trinken und zwischendrin ein bißchen Augenvögeln – no problem. «Wir waren sogar schon mal mit derselben Frau im Bett», sagt er, «und ihr seid schon eifersüchtig, wenn es nur in eurer Phantasie zum Äußersten kommt.» Jaja, Männer sind unkompliziert, und die Welt ist eine Scheibe. Manche Erkenntnisse sind unverrückbar, auch wenn die Wissenschaft sie längst widerlegt hat. Ich will nicht behaupten, daß Frauen die besseren Menschen sind. Schon gar nicht Hilde, diese Schlange. Auf jeden Fall leben Freundinnen intensiver. Und das ist eben mit Risiken und Nebenwirkungen verbunden. Wer will schon ein Leben lang im lauen Wasser planschen? Ich bade lieber heiß und kalt.

Und um hier mit einem Vorurteil aufzuräumen, meine Herren: Freundinnen tratschen nicht, sie pflegen die Tradition des Geschichtenerzählens. Kein Thema ist tabu, keines zu banal, das pralle Leben eben. Über die Laufmasche bei dieser wichtigen Konferenz wird genauso diskutiert wie darüber, warum Sex im Meer so prickelnd ist. Freundinnen freuen sich mit dir, wenn du die Abteilungsleiterstelle endlich gekriegt hast, und zwar ohne den Umweg übers Bett! Und sie leiden mit dir, wenn der Geliebte sich als deiner unwürdig erwies. «Die ist doch nur blond», sagt Hilde voller Selbstverleugnung und wirft die blonden Locken zurück, «der Kerl ist keine Träne wert. Vergiß ihn.» Und vor allem handeln sie. Die Wohngenossin schenkt mir eine sündhaft teure Gesichtsmaske, als ich mich nach einer stressigen Woche steinalt fühle. Anette packt mich auf ihr Sofa, als mich mitten in der Nacht der Liebeskummer zu überwältigen droht. Und Hilde geht mit ins Kino, als mich zum zwanzigstenmal das Bedürfnis nach «Casablanca» überfällt. Sie reicht mir wortlos ein Taschentuch, wenn Humphrey zum letztenmal sagt: «Ich schau dir in die Augen, Kleines.» Sie schirmt mich ab vor den neugierigen Blicken der anderen Kinobesucher, wenn ich mit verquollenen Augen wieder ins richtige Leben zurückwanke, wo der Liebste nicht so gut aussieht und der Beruf dir Ingrid Bergmans rührende Hilflosigkeit verbietet. Kleine Fluchten kannst du mit einer Freundin am besten genießen, kleine Sentimentalitäten auch. Während Männer ewig unter ihrem frauenlosen Zustand leiden, schweigend natürlich, arrangieren Freundinnen untereinander Kuppel-Essen. Also bitte: Von wegen nur quatschen.

Freundinnen sind Lebensmittel. Wer keine hat, verhungert. Denken Sie mal an Effie Briest, Anna Karenina oder Desdemona, um nur drei Frauengestalten zu nennen, die ohne zurechtkommen mußten. Und was passiert? Eine Tragödie. Eine gute Freundin hätte Anna gesagt: «Vergiß diesen Vronskij. Der will nicht, daß du deinen Mann verläßt, der will eine prickelnde Affäre und keine Probleme. Laß uns lieber einen draufmachen.» Und der Zug wäre achtlos vorübergefahren. Eine Freundin hätte Effie geraten, die sentimentalen Liebesbriefe schleunigst zu verbrennen. «Sonst findet die dein Mann irgendwann, und dann ist die Hölle los.» Genauso kam's: Lover weg, Kind weg, Mann weg. Wenn du geredet hättest, Desdemona, und zwar mit einer Freundin, dann hättest du eine Chance gehabt, die unselige Taschentuchaffäre, vom Finsterling Jago inszeniert, unblutig zu beenden. Sie hätte es als ihres ausgegeben, und du hättest ein astreines Happy-End mit Othello auf euer Himmelbett gelegt, anstatt darin erdrosselt zu werden. Na ja. Tolstoi, Fontane und Shakespeare sind eben auch nur Männer. Und die verstehen mehr von Tragödien als von Frauenfreundschaften.

Genug des Lobes. Ich will nicht übertreiben. Lassen Sie uns über Haß reden. Frauen tun das viel zu selten, denn Haß ist unfein, unweiblich und verabscheuenswert, pfui eben. Unter Schwestern ist Solidarität angesagt, aber hallo. Dabei hege ich alles andere als liebevolle Gedanken an Hilde. Ich wünsche ihr das Grauen an den Hals und die Pest, ich hoffe inbrünstig, daß es ihr wirklich schlecht geht. Meine innere Zensorin hält das für un-

> Freundinnen können tiefer in dein Herz eindringen als Raumschiff Enterprise in die Weiten des Alls.

feine, häßliche Gedanken. Ich bin kein guter Mensch. «Nein», stimmt die Wohngenossin zu. «Du bist rechthaberisch, eiskalt und unversöhnlich.» «Aber nur, wenn ich böse gefoult werde», sage ich. Ich bin eine strenge Verfechterin von Revanchefouls. Schade, daß wir als Mädchen nie Fußball gespielt haben. Dann hätten wir vielleicht mal ein paar zünftige Blutgrätschen gelernt, hätten mitgekriegt, daß man manchmal auch seinen besten Kumpel links liegen lassen muß, um den großen Treffer zu erzielen. Vielleicht müßten wir dann heute nicht mehr so heilig tun. Wir könnten Tacheles reden: «Hör mal, Alte, laß die Finger von meinem neuen Lover, oder ich breche sie dir einen nach dem anderen.» Und ich könnte in aller Offenheit sagen: «Aber gerne, Süße. Nur-Schön ist eh nichts für mich, ich steh auf ganze Kerle.» Ich könnte noch Porsche-Hilde hinterherschieben. Ein Freund hat sie so genannt wegen ihres extravaganten Aussehens, und ich weiß, daß sie das haßt. Wir könnten noch eine Weile Gemeinheiten austauschen und fertig. Abgehakt. Vergessen. Statt so zu tun, als ob nichts wäre. Frauen können nicht streiten? Diese Aussage ist in etwa so richtig wie die titanische Satire-Weisheit, Frauen könnten keine Kreise zeichnen. Manchmal streiten wir schon. Aber bei größeren Aggressionen malen wir immer wieder astreine Rechtecke.

Oder schreiben gleich Briefe. Niemand schreibt so herrlich dramatische Briefe wie Freundinnen, die nicht reden. Meist in der Wut so hingekritzelt, daß du ewig brauchst, um sie zu dechiffrieren. Was bin ich froh, daß Hilde dieses Mal den Laptop gewählt hat. Freundinnen können so verdammt rücksichtsvoll sein. Darin wird gekündigt wie in einem Job («Mit dir will ich nichts mehr zu tun haben, nie, nie mehr»), beleidigt wie in der Politik zu Wehners Zeiten («Hören Sie auf, Lügen zu erzählen, Sie Arschloch»), nur daß wir das weniger höfliche Du wählen, da wird aufgerechnet wie auf dem Krämermarkt («Ich fahr dich zum Arzt und ins Krankenhaus, und du bist nicht da, wenn's mir einmal schlechtgeht»). Alles, was du in alkoholreichen, nächtlichen Sitzungen an Unzulänglichkeiten und fiesen Charakterzügen gestanden hast, wird in diesen Briefen gnadenlos gegen dich verwendet. Im Zweifel gegen die Angeklagte. Wir Frauen sind zu großen

«Wir waren jung und schön» –
Helen Vita, Brigitte Mira und Evelyn Künneke

Gefühlen fähig. Ich beschließe, es wie Madonna zu halten. «Ich bin unerbittlich, ich bin ehrgeizig, und ich weiß genau, was ich will. Wenn mich das zur Zicke macht, kann ich es auch nicht ändern.» Genau. Ich werde zur Zicke.

Dabei weiß ich genau, daß mich wieder das heulende Elend packt. Die Erinnerung an diese unvergleichlichen Abende mit Hilde, bei denen du einfach losreden kannst, ohne große Anläufe. Die Sehnsucht nach diesem wortlosen Verständnis, das deinen Kummer schon erspürt, wenn du ihn noch gar nicht geäußert hast. Nach diesen Beratungen in allen lebenswichtigen Fragen. «Stellt euch vor, mein Chef stand vor mir im Hemd», erzählt Maike empört, «und behauptet, er müsse sich ganz eilig für einen Empfang umziehen.» Wir sind entsetzt über diese plumpe Anmache und haben allerhand Schlagfertigkeiten zu bieten. «Rausgehen und über die Schulter sagen: ‹Wir reden weiter, wenn Sie geduscht haben›», rät Hilde. «Bleiben, auf seinen Bauch starren und säuseln: ‹Haben Sie schon mal über ein Korsett nachgedacht?›» schlägt Anette vor. Laut schreien haben wir verworfen, denn das bringt dir nur den Ruf ein, eine hysterische Kuh zu sein. Beim nächstenmal ist Maike jedenfalls bestens gerüstet und muß nicht so tun, als ob nichts wäre. Ich liebe diese praktischen Ratschläge der Freundinnen. Und manchmal liebe ich sie auch dafür, daß sie genauso ratlos sind wie ich. Ein Freundinnendasein kann die reine Idylle sein. Manchmal ist es leider auch wie ein Bad in einem Meer voller Quallen. Du paddelst arglos vor dich hin, und zack, ein brennender Schmerz. Hilde ist die Königsqualle unter meinen Freundinnen. Ich bin froh, daß es Anette gibt.

Vor allem an Geburtstagen, den kritischen Tagen im Leben einer Frau, an denen jede zweite sich fühlt wie ein patschnasser Vogel. Jedesmal wirst du ein Jahr älter, das liegt in der Natur der Sache, und warum sollst du deshalb feiern? Was, bitte schön, kann ein neues Lebensjahr schon bringen, an dessen Beginn du im Bad feststellst, daß die Anzahl der grauen Haare auf 24 hochgeschnellt ist? Gegen Geburtstagsdepressionen hilft nur eine Freundin, die mit dir wegfährt, damit du den zahlreichen Beileidsbekundungen entfliehen kannst. Anette hat ebenfalls 24 und mehr Fluchtgründe und außerdem am selben Tag Geburtstag – nichts wie weg hier. Wir fahren gemeinsam ins Elsaß, mieten uns in einer kleinen Pension ein und gehen sternenmäßig essen. Der Tag gehört uns. Was stört es, daß Anette gleich nach der köstlichen Kressecremesuppe die Stimme wegbleibt? Freundinnen verstehen sich auch ohne Worte. Na ja, besser geht's allerdings mit

Flüstern. Die anderen Gäste, allesamt besser angezogen und auch sonst vornehmer als wir, gucken pikiert: Lästern die über uns? Ja, auch. Der Kellner bedient uns jedoch zuvorkommend. Wir flüstern ihm zu, daß wir heute 62 geworden sind. «Der Champagner ist auf Kosten des Hauses», flüstert er zurück. Beschwipst und glücklich fallen wir ins Pensionsbett.

Und hoch das Bein. «Mein Knie ist zu spitz», sagt Anette, «siehst du?» Nein, nicht wirklich. «Meine Waden sind zu dick», kontere ich. Und Anette kichert. Überhaupt wird in diesem Bett viel gelacht. Mangel verbindet. Mal ehrlich: Wer möchte schon ein perfektes Superweib sein? Wenn du beschwipst bist, ist das tödlich langweilig. Und wenn du nüchtern bist, auch. Meistens jedenfalls. Dort im Elsaß stimme ich Djuna Barnes voll und ganz zu. «Solange es Frauen gibt, wie sollte da etwas vor die Hunde gehen?» Genau. Auf dem Pensionsbett haben Anette und ich eine Freundschaftsliste erstellt. Sie ist zugegebenermaßen höchst subjektiv.

Liste wahrer Freundinnendienste

1. Gemeinsam flüchten, wenn eine Geburtstagsdepression dies erforderlich macht.
2. License zu talk – zu allen Tages- und Nachtzeiten.
3. Die Freundin mit Hühnersüppchen und Schundromanen oder wahlweise Frauenzeitschriften versorgen, wenn sie mit Grippe im Bett liegt.
4. Als Platzhalter mit in die Disco oder auf die Party, weil sie diesen «wahnsinnstollen Typen» wiedersehen will.
5. Ihr zu diesem Zweck – aber nur zu diesem emergency case – das eigene Lieblingskleid leihen.
6. Ihr diskret sagen, daß der Lippenstift an den Zähnen klebt.
7. Ein Empfangskomitee, Sekt und Zeit organisieren, wenn sie aus dem Urlaub zurückkommt und so wahnsinnig viel zu erzählen hat.

Gegen Punkt 7 hat Hilde eindeutig verstoßen. Alte Qualle. Verlassen wir also die Highlights, willkommen in den Niederungen. Lästern wir noch ein bißchen. Zum Beispiel über Jammerbündnisse, die bei Freundinnen beliebt sind. Ich hab nichts gegen Kummer, im Gegenteil. Ich meine, wer schlecht drauf ist, soll nicht grinsen, sondern die Zähne fletschen. Und genau das passiert bei diesen Zusammenrottungen leidgeprüfter Frauen nicht. Es gab eine Zeit, da hatten meine Freundinnen alle, aber wirklich alle drei, eine Affäre mit einem verheirateten Mann. Es war schier unerträglich. Nicht nur, daß es kein anderes Gesprächsthema mehr gab, sondern auch dauernd denselben Klagegesang. «Die Kinder hassen mich und drängen sich dauernd dazwischen», intonierte Hilde. Davon konnte auch Anette ein Lied singen. «Ich stell ihm jetzt ein Ultimatum», sagte Maike. Es verstrich genauso folgenlos wie das von Hilde. «Wann sagt er es endlich seiner Frau?» fragte Anette. Das fragte sich Maike nun auch schon seit geraumer Zeit. Solche Jammerbündnisse sind bester Kitt gegen unerquickliche Beziehungen oder unbefriedigende Jobs. Man will eigentlich nichts verändern. Ich hasse das. «Du kannst doch eh nicht mitreden, deiner ist nicht verheiratet», sagte Maike. Verstehen Sie, was ich meine?

«Du bist auch nicht die perfekte Freundin», sagen dann alle im Chor. Stimmt. Leider. Ich kann zum Beispiel schlecht nein sagen. Da ruft mich Hilde mitten in der Nacht an: «Ich steh vor dem Krankenhaus, hol mich bitte ab.» Bei Alarmstufe 1 handle ich reflexartig. Ich springe. Zuerst aus dem Bett, dann in die Klamotten und dann ins Auto. Ohne zu sagen, daß eine stressige Arbeitswoche und ein Tag mit Nachtschicht hinter mir liegt und ich todmüde, nicht ansprechbar und gereizt bin. Ohne ein Nein überhaupt zu denken, ohne zu fragen, was eigentlich los ist. Und nach 40 Kilometern Nachtfahrt steht Hilde quietschfidel vor dem Krankenhaus und sagt: «Alles in Ordnung, es waren wohl die Nerven.» Dann liegen meine auch blank. Warum hat sie kein Taxi genommen? Das Sofa hätte ich ihr dann schon freigeräumt. Ich bin weder Chauffeur noch Krankenschwester. Warum also habe ich nicht nein gesagt? Manchmal geht bei Frauenfreundschaften die Distanz in einer wohlgerührten Harmoniesuppe unter.

Wenn du mit einer Freundin zusammenwohnst, ist das besonders gefährlich. Da sitzen Maike und ich mit einem gemeinsamen Freund in der Kneipe. Man hat verdammt viele gemeinsame Freunde, wenn man zusammenwohnt. Martin erzählt von seinen neuesten Abenteuern im Hauptstaatsarchiv, wo sich der Nazijäger mal wieder als Sherlock Holmes bewährt und neue Spuren entdeckt hat. Und während wir drei so gemütlich beisammenhocken, ertappe ich mich, wie ich an denselben Stellen «Interessant», «Ach was» oder ähnliche wichtige Redebeiträge von mir gebe wie Maike. Hilfe, wir wachsen zusammen. Schon heute werden wir verwechselt, obwohl sie groß ist und lange Haare hat und ich so ungefähr von allem das Gegenteil. Wie alte Ehepaare. Und dann sehe ich in Alpträumen die Wohngenossin und mich, in Ehren ergraut, auf dem Sofa sitzen, sie einen Mops rechts, ich einen links, und wir bellen alle an denselben Stellen. Grauenhaft.

Doch es gibt Tage, da sind diese Alpträume vergessen. Dann gehen Maike, Hilde und ich nach einem entspannenden Saunabesuch abends ins Kino: «Club der Teufelinnen». Und ich sehe, daß andere Frauen, selbst Bette Midler, nicht perfekt sind, daß sie aber mit ihrem Leben, der Liebe, auch zu den Freundinnen, vor allem aber mit den Männern allerhand an der Backe haben. Maike ärgert sich mit Diane Keaton, daß ihr Mann sie nicht ernst nimmt und außerdem zu der Therapeutin schickt, mit der er ein Verhältnis hat. Schwein! Ich rege mich mit Bette Midler auf, daß ihr Gatte seine Midlife-Crisis mit einem magersüchtigen Teenager bekämpft. Wir streiten uns über die Rollenverteilung, weil Hilde partout nicht Goldie Hawn sein will, die sich die Lippen bis zu den Augenbrauen aufblasen läßt, aber nur kurz: Diane Keaton und Bette Midler waren schon vergeben. Wir erkennen, daß Dreierkonstellationen bei Freundinnen besonders beliebt sind, als die beiden anderen hinter Goldie Hawns Rücken über deren Schönheitssucht lästern – wir sind schließlich auch Teufelinnen. Und natürlich schmettern wir auf dem Weg zur Kneipe erst mal den Titelsong «You don't owe me» – so viel ist schon mal sicher. Und weil wir schon dabei sind, das alte Chanson: «Wenn die beste Freundin mit der besten

Freundin, um was einzukaufen und sich auszulaufen, durch die Straßen latschen, um sich auszuquatschen, tralalala.» Das klingt vielleicht nicht so gut wie bei Marlene Dietrich und Margo Lion, aber es tut gut. Die Welt wäre unwirtlich ohne Freundinnen.

Du kannst mit ihnen schwerelos und bunt dahinschweben wie ein Luftballon. Und, klar, manchmal mußt du mit ihnen streiten, daß die Fetzen fliegen. Oder gemeine Briefe schreiben. Meist sind es Freundschaften fürs Leben, aber manchmal verlierst du auch eine im Gewühl des Lebens. Denn leider, leider, du magst es auch noch so hoffen, sind Freundinnen nicht die besseren Menschen. Sie können fies, zickig und hinterhältig sein.

Aber du kannst wunderbar mit ihnen träumen. Etwa von der Rentner-Wohngemeinschaft, in der sich alle wiedertreffen, wenn die größten Stürme des Lebens hinter dir liegen und die Männer längst weggestorben sind. Wir schwören uns, niemals zu enden wie Marlene Dietrich, die sich im Alter sogar vor ihrer Freundin Hildegard Knef verkroch. An Falten soll unsere Freundschaft nicht scheitern, wir altern in Würde. Ich stelle mir vor, wie ich meine geballten Lebensweisheiten an jüngere Frauen weitergebe, weil ich bis dahin hoffentlich weiß, wo's längs geht. Hilde träumt von einer yogamäßigen Gelassenheit, die bisher noch auf sich warten läßt. Maike überlegt, ob es dann noch rüstige Rentner gibt oder andere Abenteuer, die wir von unserem gemeinsamen Haus aus starten können. Wir beschließen, alt zu werden wie die vier Golden Girls, in bissiger Harmonie. Und wenn wir allwöchentlich zur Körperertüchtigung gehen und die Fitneßlehrerin uns erklärt, daß ein guter Sport-BH wichtig ist, weil er die Brüste zusammenhält, damit sie nicht wackeln, dann sagen wir wie sie mitleidig im Chor: «Ich glaube, Sie haben das Prinzip von Brüsten nicht verstanden.» Ja, so machen wir es.

«Aber vielleicht ziehen wir gleich in ein Altenheim und mischen den Laden dort auf», wirft Anette ein, «dann müssen wir das Haus nicht rollstuhlgerecht umbauen.» Freundinnen sind Traumtänzer mit Bodenhaftung.

Quellenverzeichnis der Abbildungen

AKG photo, Berlin: Seite 23, Seite 39, Seite 59 (Antonio Rodrigues), Seite 89, Seite 105 (Walter Limot), Seite 109 (Cameraphoto Epochè), Seite 129 (Paul Almasy)
Berliner Zeitung: Seite 53 (Gerhard Kiesling)
G.A.F.F.-Fotoarchiv: Seite 95 (Boris Geilert)
HIPP-FOTO: Seite 31, Seite 69, Seite 121
Stiftung Deutsche Kinemathek: Seite 177
Ullstein Bilderdienst: Seite 6 (Inter Topics GmbH), Seite 75 (Moenkebild), Seite 141, Seite 147 (Thomas Brill), Seite 159 (Wolfgang Bera), Seite 163 (Ingrid von Kruse), Seite 183 (Regine Will)
UPI: Seite 15
Erik Jan Ouwerkerk, Berlin: alle übrigen Fotos

Simone de Beauvoir
Romane, Erzählungen, Autobiographisches

«Mein wichtigstes Werk ist mein Leben.»

Sie kam und blieb
Roman. rororo 23830

Das Blut der anderen
Roman. rororo 10545

Alle Menschen sind sterblich
Roman. rororo 11302

Die Mandarins von Paris
rororo 10761
Prix Goncourt

Mißverständnisse an der Moskwa
Eine Erzählung. rororo 13597

Die Welt der schönen Bilder
Roman. rororo 11433

Ein sanfter Tod
rororo 11016

Eine gebrochene Frau
rororo 11489

Marcelle, Chantal, Lisa
Ein Roman in Erzählungen
rororo 23989

Autobiographische Schriften:
Memoiren einer Tochter aus gutem Hause rororo 11066
In den besten Jahren rororo 11112
Der Lauf der Dinge rororo 11250
Alles in allem rororo 11976

rororo 10761

Weitere Titel der Autorin in der Rowohlt Revue *und unter* www.rororo.de